동주

백석

이상

시대의 **언어**를 담은 **산문필사집**

시인의 말
시인의 얼굴

윤동주 (1917~1945) 고요한 슬픔과 내면의 성찰을 담아낸 시인.
'하늘', '바람', '별'에 기대어 부끄럽지 않은 삶을 고민한 시 〈서시〉, 〈별 헤는 밤〉 등으로 널리 사랑받는다.
〈달을 쏘다〉, 〈종시〉, 〈화원에 꽃이 핀다〉 등 산문에서는 더욱 담담한 말투로 저항과 불안, 자기반성의 마음을 조용히 전한다.
짧은 생애 속에서 남긴 문장은 지금까지도 가장 순결한 목소리로 기억된다.

백석 (1912~1996) 말의 온기를 아는 시인.
평안도 사투리와 삶의 체온이 깃든 시 〈나와 나타샤와 흰 당나귀〉, 〈여승〉 등으로 널리 사랑받는다.
〈입춘〉, 〈해빈수첩〉, 〈마포〉 등 산문에서는 유년의 기억과 사람살이의 냄새, 사라져가는 풍경에 대한 애정을 섬세하게 담아낸다.
삶의 냄새가 묻은 그의 문장은, 시처럼 아름답고 사람처럼 따뜻하다.

이상 (1910~1937) 경계를 넘나든, 한국 문학의 가장 실험적인 시인.
〈오감도〉, 〈건축무한육면각체〉, 소설 〈날개〉 등으로 불안과 혼돈의 시대를 치열하게 증언했다.
대표 산문 〈혈서삼태〉, 〈권태〉 등에서는 날카롭고도 사적인 내면의 흐름이 감각적인 언어로 분출된다.
모든 장르를 가로지르며 기록한 그의 문장은, 여전히 가장 낯설고 가장 현대적인 목소리다.

일러두기

독자의 이해를 돕기 위해 최소한의 주석만을 덧붙였으며,
원문 고유의 어투와 문장 리듬을 살리느라
일부 맞춤법이나 표현이 오늘날 표준어와 다릅니다.

이 책은 시처럼 읽는 산문집이자
문장을 따라 써 내려가는 필사 노트입니다.
모든 문장을 천천히 옮겨 적어도 좋고,
찬찬히 읽으며 마음에 닿은 문장들만 골라 옮겨 적어도 좋습니다.

윤동주

시대의 언어를 담은 **산문필사집**

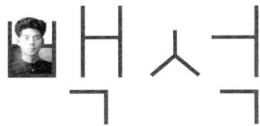
백석

이상

시인의 말
시인의 얼굴
산문에서 시인을 발견하다

시작하며

시보다 먼저,
시인詩人의 문장이
있었다

한국인이 가장 사랑하는 시인의 아름다운 문장을 필사합니다.
그 문장들은 시가 아니라 수필입니다.
시인의 삶과 내면을 진솔하게 담아낸 수필은, 시인이 노래한 시詩를 만든
시인의 처음 생각을 드러냅니다. 그 문장에는 시인의 문체가 묻어 있고,
그 속엔 꾸밈없는 목소리가 담겨 있습니다.
윤동주, 백석, 이상.
세 시인은 나라 잃은 시대를 살아낸 청년이었고,
지금도 우리 곁에서 가장 많이 읽히는 시를 남긴 사람들입니다.
그러나 그들의 시만큼이나 진솔하고 아름다운 문장이 있습니다.
바로 '수필'입니다.
윤동주의 글에서는 순하고 조용한 사유가 흐릅니다.
그는 동무와 별과 고요에 대해 말하며 자신이 어떤 사람이고 싶은지를
고민합니다. 짧은 문장 하나에도 부끄러움과 희망이 함께 머뭅니다.

백석의 산문은 사람과 풍경, 계절과 기억을 품고 있습니다.

슬픔을 직접 말하지 않으면서도 슬픈 장면을 남기고,

삶을 담담히 적으면서도 그 문장은 시보다 더 깊은 울림을 줍니다.

이상의 수필은 실험적이고 모호한 시 너머의 내면을 보여줍니다.

고립된 도시에서, 병상에서, 혼자 있는 방 안에서 그는 낯선 언어로 자신을

지켜내려 애썼고, 그 기록은 지금도 낯설고 절실합니다.

세 시인의 수필은 시로 조각하기 전의 문장입니다.

문장을 통해 자신을 정직하게 바라보려 했던 순간의 기록입니다.

우리는 그 문장을 읽고, 쓰며, 위대한 시인의 생각과 삶을 천천히 따라갑니다.

이 책은 그 문장을 따라 쓰며, 당신의 마음으로 이어가는 필사책입니다.

쓰다 보면 알게 될 것입니다.

이 글들이 시보다 먼저, 시인의 문장이었다는 것을.

차례

시작하며: 시보다 먼저, 시인의 문장이 있었다

1부　조용한 고백의 시작 _ **윤동주**

　　별똥 떨어진 데　　　　　　　　　　10
　　화원에 꽃이 핀다　　　　　　　　　18
　　달을 쏘다　　　　　　　　　　　　28
　　종시終始　　　　　　　　　　　　　36

2부　풍경이 되고 사람으로 남다 _ **백석**

　　편지　　　　　　　　　　　　　　56
　　입춘　　　　　　　　　　　　　　66
　　단풍　　　　　　　　　　　　　　74
　　소월과 조선생　　　　　　　　　　78
　　슬픔과 진실　　　　　　　　　　　86
　　당나귀　　　　　　　　　　　　　98
　　해빈수첩海濱手帖　　　　　　　　104
　　마포　　　　　　　　　　　　　118

3부 익숙한 고독, 익숙하지 않은 말들 _ **이상**

　　산책의 가을　　　　　　　　　　　　　　128

　　행복　　　　　　　　　　　　　　　　　136

　　혈서삼태血書三態　　　　　　　　　　　148

　　권태　　　　　　　　　　　　　　　　　170

부록　시의 자리

　　윤동주　사랑스런 추억　　　　　　　　214

　　　　　　병원　　　　　　　　　　　　　218

　　　　　　투르게네프의 언덕　　　　　　　220

　　백석　　국수　　　　　　　　　　　　　224

　　　　　　고사古寺　　　　　　　　　　　　230

　　　　　　남신의주 유동 박시봉방　　　　234

　　이상　　거울　　　　　　　　　　　　　240

　　　　　　회한의 장章　　　　　　　　　　244

　　　　　　오감도烏瞰圖 시제 15호　　　　 248

　　나의 말, 나의 얼굴　　　　　　　　　　　252
　　작가 연보　　　　　　　　　　　　　　　253

조용한 고백의 시작

윤동주

부끄러움과 진심이
담긴 내면의 말들

윤동주의 문장은 조용하다.

소리를 낮추고, 마음을 들여다보며,

자기 안의 고백과 질문을 가만히 꺼낸다.

감정을 드러내기보다 감정을 오래 바라본다.

그래서 짧은 문장 하나에도 부끄러움과 망설임이 함께 머문다.

거절하듯 말하면서도, 끝내 꺼내고 마는 마음이 있다.

윤동주의 수필은 자기 자신을 향한 고백이다.

이유 없는 슬픔과 선한 의지를 고요히 껴안은 문장들.

그 조용한 시작에서, 나를 꺼내는 말이 시작된다.

별똥 떨어진 데

깊은 밤, 삶의 방향을 잃은 청년의 자의식과 방황이 고요한 고뇌로 번져간다.
어디론가 떨어지는 별똥처럼, 윤동주 특유의 철학적 사유가 섬세한 은유로 빛나는 산문.

밤이다.

하늘은 푸르다 못해 농회색으로 캄캄하나 별들만은 또렷또렷 빛난다. 침침한 어둠뿐만 아니라 오삭오삭 춥다. 이 육중한 기류 가운데 자조하는 한 젊은이가 있다. 그를 나라고 불러두자.

나는 이 어둠에서 배태되고 이 어둠에서 생장하여서 아직도 이 어둠 속에 그대로 생존하나 보다. 이제 내가 갈 곳이 어딘지 몰라 허우적거리는 것이다. 하기는 나는 세기世紀의 초점인 듯 초췌하다. 얼핏 생각하기에는 내 바닥을 반듯이 받들어 주는 것도 없고 그렇다고 내 머리를 갑박이[01] 내려 누르는 아무것도

---

01 억세게, 거칠게. '누르다'와 함께 쓰여 억압당하는 느낌을 강조한다.

• 필사 추천 문장

이 육중한 기류 가운데 자조하는 한 젊은이가 있다.

없는 듯하다마는 내막은 그렇지도 않다. 나는 도무지 자유스럽지 못하다. 다만 나는 없는 듯 있는 하루살이처럼 허공에 부유하는 한 점에 지나지 않는다. 이것이 하루살이처럼 경쾌하다면 마침 다행할 것인데 그렇지를 못하구나!

이 점의 대칭 위치에 또 하나 다른 밝음의 초점이 도사리고 있는 듯 생각된다. 덥석 움키었으면 잡힐 듯도 하다.

마는 그것을 휘잡기에는 나 자신이 둔질鈍質[02]이라는 것보다 오히려 내 마음에 아무런 준비도 배포치 못한 것이 아니냐. 그러고 보니 행복이란 별스런 손님을 불러들이기에도 또 다른 한 가닥 구실을 치르지 않으면 안 될까 보다.

이 밤이 나에게 있어 어린 적처럼 한낱 공포의 장막인 것은 벌써 흘러간 전설이요, 따라서 이 밤이 향락의 도가니라는 이야기도 나의 염두에선 아직 소화시키지 못할 돌덩이다. 오로지 밤은 나의 도전의 호적好敵이면 그만이다.

이것이 생생한 관념세계에만 머무른다면 애석한 일이다. 어둠 속에 깜박깜박 조을며 다닥다닥 나란히 한 초가들이 아름다운 시의 화사華詞가 될 수 있다는 것은 벌써 지나간 제너레이션의 이야기요,

---
02 순박하고 세련되지 못한 성질.

• 필사 추천 문장

다만 나는 없는 듯 있는 하루살이처럼 허공에 부유하는 한 점에 지나지 않는다.

오늘에 있어서는 다만 말 못 하는 비극의 배경이다.

이제 닭이 홰를 치면서 맵짠 울음을 뽑아 밤을 쫓고 어둠을 짓내몰아 동쪽으로 훤—히 새벽이란 새로운 손님을 불러온다 하자. 하나 경망스럽게 그리 반가워할 것은 없다. 보아라, 가령 새벽이 왔다 하더라도 이 마을은 그대로 암담하고 나도 그대로 암담하고 하여서 너나 나나 이 가랑지길에서 주저주저 아니치 못할 존재들이 아니냐.

나무가 있다.

그는 나의 오랜 이웃이요, 벗이다. 그렇다고 그와 내가 성격이나 환경이나 생활이 공통한 데 있어서가 아니다. 말하자면 극단과 극단 사이에도 애정이 관통할 수 있다는 기적적인 교분의 한 표본에 지나지 못할 것이다.

나는 처음 그를 퍽 불행한 존재로 가소롭게 여겼다. 그의 앞에 설 때 슬퍼지고 측은한 마음이 앞을 가리곤 하였다. 마는 오늘 돌이켜 생각건대 나무처럼 행복한 생물은 다시없을 듯하다. 굳음에는 이루 비길 데 없는 바위에도 그리 탐탁지는 못할망정 자양분이 있다 하거늘 어디로 간들 생의 뿌리를 박지 못하며 어디로 간들 생활의 불평이 있을쏘냐. 칙칙하면 솔솔 솔바람이 불어오고, 심심하면 새가 와서 노래를 부르다 가고, 촐촐하면 한 줄기 비가

• 필사 추천 문장

나는 처음 그를 퍽 불행한 존재로 가소롭게 여겼다.

오고, 밤이면 수많은 별들과 오손도손 이야기할 수 있고― 보다
나무는 행동의 방향이란 거추장스러운 과제에 봉착하지 않고
인위적으로든 우연으로써든 탄생시켜준 자리를 지켜 무진무궁한
영양소를 흡취하고 영롱한 햇빛을 받아들여 손쉽게 생활을
영위하고 오로지 하늘만 바라고 뻗어질 수 있는 것이 무엇보다
행복스럽지 않으냐.

이 밤도 과제를 풀지 못하여 안타까운 나의 마음에 나무의 마음이
점점 옮아오는 듯하고, 행동할 수 있는 자랑을 자랑치 못함에
뼈저린 듯하나 나의 젊은 선배의 웅변이 왈, 선배도 믿지 못할
것이라니 그러면 영리한 나무에게 나의 방향을 물어야 할 것인가.
어디로 가야 하느냐, 동이 어디냐, 서가 어디냐, 남이 어디냐, 북이
어디냐. 아라! 저 별이 번쩍 흐른다. 별똥 떨어진 데가 내가 갈
곳인가 보다. 하면 별똥아! 꼭 떨어져야 할 곳에 떨어져야 한다.

_《민성民聲》 1948년 11·12월호, 창작은 1939년(추정).

• 필사 추천 문장

별똥아! 꼭 떨어져야 할 곳에 떨어져야 한다.

화원에 꽃이 핀다

조용한 성격으로 알려진 윤동주의 격정적인 면모가 드러나는 산문.
꽃과 웃음으로 빗댄 '화원'은 청춘의 고통과 연대를 품은 비판의 언어이자,
시대를 향한 단단한 저항이다.

개나리, 진달래, 앉은뱅이, 라일락, 민들레, 찔레, 복사, 들장미,
해당화, 모란, 릴리, 창포, 튤립, 카네이션, 봉선화, 백일홍, 채송화,
달리아, 해바라기, 코스모스— 코스모스가 홀홀히 떨어지는 날
우주의 마지막은 아닙니다. 여기에 푸른 하늘이 높아지고,
빨간 노란 단풍이 꽃에 못지않게 가지마다 물들었다가 귀뚜리
울음이 끊어짐과 함께 단풍의 세계가 무너지고, 그 위에 하룻밤
사이에 소복이 흰 눈이 내려 쌓이고, 화로에는 빨간 숯불이
피어오르고 많은 이야기와 많은 일이 이 화롯가에서 이루어집니다.
독자 제현! 여러분은 이 글이 씌어지는 때를 독특한 계절로
짐작해서는 아니 됩니다. 아니, 봄, 여름, 가을, 겨울, 어느 철로나
상정하셔도 무방합니다. 사실 일 년 내내 봄일 수는 없습니다.

• 필사 추천 문장

빨간 노란 단풍이 꽃에 못지않게 가지마다 물들었다가

하나 이 화원에는 사철 내 봄이 청춘들과 함께 싱싱하게 등대하여 있다고 하면 과분한 자기선전일까요. 하나의 꽃밭이 이루어지도록 손쉽게 되는 것이 아니라 고생과 노력이 있어야 하는 것입니다. 딴은 얼마의 단어를 모아 이 졸문을 지적거리는 데도 내 머리는 그렇게 명석한 것은 못 됩니다. 한 해 동안을 내 두뇌로써가 아니라 몸으로써 일일이 헤아려 세포 사이마다 간직해 두어서야 겨우 몇 줄의 글이 이루어집니다. 그리하여 나에게 있어 글을 쓴다는 것이 그리 즐거운 일일 수는 없습니다. 봄바람의 고민에 짜들고, 녹음의 권태에 시들고, 가을 하늘 감상에 울고, 노변爐邊의 사색에 졸다가 이 몇 줄의 글과 나의 화원과 함께 나의 일 년은 이루어집니다.

시간을 먹는다는(이 말의 의의와 이 말의 묘미는 칠판 앞에 서보신 분과 칠판 밑에 앉아보신 분은 누구나 아실 것입니다) 그것은 확실히 즐거운 일임에 틀림없습니다. 하루를 휴강한다는 것보다, (하긴 슬그머니 까먹어버리면 그만이지만) 다만 한 시간, 예습, 숙제를 못 해 왔다든가, 따분하고 졸리고 한 때, 한 시간의 휴강은 진실로 살로 가는 것이어서, 만일 교수가 불편하여 못 나오셨다고 하더라도 미처 우리들의 예의를 갖출 사이가 없는 것입니다.

그러나 이것을 우리들의 망발과 시간의 낭비라고 속단하셔서는

• 필사 추천 문장

나에게 있어 글을 쓴다는 것이 그리 즐거운 일일 수는 없습니다.

아니 됩니다. 여기에 화원이 있습니다. 한 포기 푸른 풀과 한 떨기의 붉은 꽃과 함께 웃음이 있습니다. 노―트장을 적시는 것보다, 한우충동汗牛充棟[01]에 묻혀 글줄과 씨름하는 것보다, 더 명확한 진리를 탐구할 수 있을는지, 보다 더 많은 지식을 획득할 수 있을는지, 보다 더 효과적인 성과가 있을지를 누가 부인하겠습니까.

나는 이 귀한 시간을 슬그머니 동무들을 떠나서 단 혼자 화원에 거닐 수 있습니다. 단 혼자 꽃들과 풀들과 이야기할 수 있다는 것이 얼마나 다행한 일이겠습니까. 참말 나는 온정으로 이들을 대할 수 있고 그들은 웃음으로 나를 맞아줍니다. 그 웃음을 눈물로 대한다는 것은 나의 감상일까요. 고독, 정적도 확실히 아름다운 것임에 틀림이 없으나, 여기에 또 서로 마음을 주는 동무가 있는 것도 다행한 일이 아닐 수 없습니다.

우리 화원 속에 모인 동무들 중에, 집에 학비를 청구하는 편지를 쓰는 날 저녁이면 생각하고 생각하던 끝 겨우 몇 줄 써 보낸다는 A군, 기뻐해야 할 서류(통칭 월급봉투)를 받아 든 손이 떨린다는 B군, 사랑을 위하여서는 밥맛을 잃고 잠을 잊어버린다는 C군, 사상적

---

01 소 한 마리가 들어찰 만큼 많은 책. 고전적 비유로 '방대한 독서량'을 뜻한다.

• 필사 추천 문장

한 포기 푸른 풀과 한 떨기의 붉은 꽃과 함께 웃음이 있습니다.

당착撞着에 자살을 기약한다는 D군…… 나는 이 여러 동무들의 갸륵한 심정을 내 것인 것처럼 이해할 수 있습니다. 서로 너그러운 마음으로 대할 수 있습니다.

나는 세계관, 인생관, 이런 좀 더 큰 문제보다 바람과 구름과 햇빛과 나무와 우정, 이런 것들에 더 많이 괴로워해 왔는지도 모르겠습니다. 단지 이 말이 나의 역설이나, 나 자신을 흐리우는 데 지날 뿐일까요.

일반은 현대 학생 도덕이 부패했다고 말합니다. 스승을 섬길 줄을 모른다고들 합니다. 옳은 말씀들입니다. 부끄러울 따름입니다. 하나 이 결함을 괴로워하는 우리들 어깨에 지워 광야로 내쫓아버려야 하나요. 우리들의 아픈 데를 알아주는 스승, 우리들의 생채기를 어루만져주는 따뜻한 세계가 있다면 박탈된 도덕일지언정 기울여 스승을 진심으로 존경하겠습니다. 온정의 거리에서 원수를 만나면 손목을 붙잡고 목 놓아 울겠습니다.

세상은 해를 거듭, 포성에 떠들썩하건만 극히 조용한 가운데 우리들 동산에서 서로 융합할 수 있고, 이해할 수 있고, 종전의 □□가[02] 있는 것은 시세의 역효과일까요.

---

02 원고에 '□□' 부분이 비어 있다.

• 필사 추천 문장

온정의 거리에서 원수를 만나면 손목을 붙잡고 목 놓아 울겠습니다.

봄이 가고, 여름이 가고, 가을, 코스모스가 훌훌히 떨어지는 날 우주의 마지막은 아닙니다. 단풍의 세계가 있고, ─이상이견빙지履霜而堅氷至─서리를 밟거든 얼음이 굳어질 것을 각오하라─가 아니라, 우리는 서릿발에 끼친 낙엽을 밟으면서 멀리 봄이 올 것을 믿습니다.

노변에서 많은 일이 이루어질 것입니다.

_〈조선일보〉 1939년 2월 3일.

• 필사 추천 문장

코스모스가 홀홀히 떨어지는 날 우주의 마지막은 아닙니다.

달을 쏘다

가을밤, 달빛과 고요 속에서 청년은 외로움과 상실감, 친구와의 우정에 대한 슬픔에 잠긴다.
감정의 파동이 결국 '달을 쏜다'는 상징적 행위로 치닫는,
섬세한 정서와 상징이 돋보이는 작품.

번거롭던 사위가 잠잠해지고 시계 소리가 또렷하나 보니 밤은 저윽이 깊을 대로 깊은 모양이다. 보던 책자를 책상머리에 밀어놓고 잠자리를 수습한 다음 잠옷을 걸치는 것이다. '딱' 스위치 소리와 함께 전등을 끄고 창 옆의 침대에 드러누우니 이때까지 밝은 휘양찬 달밤이었던 것을 감각치 못하였댔다. 이것도 밝은 전등의 혜택이었을까.

나의 누추한 방이 달빛에 잠겨 아름다운 그림이 된다는 것보담도 오히려 슬픈 선창船艙[01]이 되는 것이다. 창살이 이마로부터 콧마루, 입술 이렇게 하여 가슴에 여민 손등에까지 어른거려 나의 마음을

---
01 배 안에 짐을 싣거나 사람이 머무는 공간. 즉, 밀폐되고 어두운 선실.

• 필사 추천 문장

나의 누추한 방이 달빛에 잠겨 아름다운 그림이 된다는 것보담도 오히려 슬픈 선창이 되는 것이다.

간지르는 것이다. 옆에 누운 분의 숨소리에 방은 무시무시해진다. 아이처럼 황황해지는 가슴에 눈을 치떠서 밖을 내다보니 가을 하늘은 역시 맑고 우거진 송림은 한 폭의 묵화다. 달빛은 솔가지에 솔가지에 쏟아져 바람인 양 쏴— 소리가 날 듯하다. 들리는 것은 시계 소리와 숨소리와 귀또리 울음뿐. 벅적거리던 기숙사도 절간보다 더 한층 고요한 것이 아니냐?

나는 깊은 사념에 잠기우기 한창이다. 딴은 사랑스런 아가씨를 사유私有할 수 있는 아름다운 상화想華[02]도 좋고, 어린 적 미련을 두고 온 고향에의 향수도 좋거니와 그보다 손쉽게 표현 못 할 심각한 그 무엇이 있다.

바다를 건너온 H군의 편지 사연을 곰곰 생각할수록 사람과 사람 사이의 감정이란 미묘한 것이다. 감상적인 그에게도 필연코 가을은 왔나 보다.

편지는 너무나 지나치지 않았던가. 그중 한 토막.

"군아! 나는 지금 울며 울며 이 글을 쓴다. 이 밤도 달이 뜨고, 바람이 불고, 인간인 까닭에 가을이란 흙냄새도 안다. 정의 눈물, 따뜻한 예술학도였던 정의 눈물도 이 밤이 마지막이다."

---

02 마음속으로 그리는 아름다움.

• 필사 추천 문장

이 밤도 달이 뜨고, 바람이 불고, 인간인 까닭에 가을이란 흙냄새도 안다.

또 마지막 편으로 이런 구절이 있다.

"당신은 나를 영원히 쫓아버리는 것이 정직할 것이오."

나는 이 글의 뉘앙스를 해득할 수 있다. 그러나 사실 나는 그에게 아픈 소리 한마디 한 일이 없고 서러운 글 한 쪽 보낸 일이 없지 아니한가. 생각건대 이 죄는 다만 가을에게 지워 보낼 수밖에 없다. 홍안서생紅顏書生[03]으로 이런 단안을 내리는 것은 외람한 일이나 동무란 한낱 괴로운 존재요, 우정이란 진정코 위태로운 잔에 떠놓은 물이다. 이 말을 반대할 자 누구랴. 그러나 지기 하나 얻기 힘든다 하거늘 알뜰한 동무 하나 잃어버린다는 것이 살을 베어내는 아픔이다.

나는 나를 정원에서 발견하고 창을 넘어 나왔다든가 방문을 열고 나왔다든가 왜 나왔느냐 하는 어리석은 생각에 두뇌를 괴롭게 할 필요는 없는 것이다. 다만 귀뚜라미 울음에도 수줍어지는 코스모스 앞에 그윽이 서서 닥터 빌링스의 동상 그림자처럼 슬퍼지면 그만이다. 나는 이 마음을 아무에게나 전가시킬 심보는 없다. 옷깃은 민감이어서 달빛에도 싸늘히 추워지고 가을 이슬이란 선득선득하여서 서러운 사나이의 눈물인 것이다.

---

03 붉은 얼굴빛의 젊은 선비. 풋풋한 청년을 지칭하는 고전적 표현.

• 필사 추천 문장

동무란 한낱 괴로운 존재요, 우정이란 진정코 위태로운 잔에 떠놓은 물이다.

발걸음은 몸뚱이를 옮겨 못가에 세워줄 때, 못 속에도 역시 가을이 있고, 삼경三更이 있고, 나무가 있고, 달이 있다. (달이 있고……) 그 찰나 가을이 원망스럽고 달이 미워진다. 더듬어 돌을 찾아 달을 향하여 죽어라고 팔매질을 하였다. 통쾌! 달은 산산이 부서지고 말았다. 그러나 놀랐던 물결이 잦아들 때 오래잖아 달은 도로 살아난 것이 아니냐, 문득 하늘을 쳐다보니 얄미운 달은 머리 위에서 빈정대는 것을—.

나는 꼿꼿한 나뭇가지를 고나 띠를 째서 줄을 메워 훌륭한 활을 만들었다. 그리고 좀 탄탄한 갈대로 화살을 삼아 무사의 마음을 먹고 달을 쏘다.

_〈조선일보〉 1939년 1월 23일 '학생'란.

• 필사 추천 문장

못 속에도 역시 가을이 있고, 삼경이 있고, 나무가 있고, 달이 있다.

종시 終始

기차를 타고 오가는 일상의 궤적 속에서 인간관계의 단절과 청춘의 허무를 성찰한다.
'종점이 시점이 된다'는 순환 구조 안에 절제된 서정과 시대 인식이 조용히 스며 있는 산문.

종점終点이 시점始点이 된다. 다시 시점이 종점이 된다.

아침, 저녁으로 이 자국을 밟게 되는데 이 자국을 밟게 된 연유가 있다. 일찍이 서산대사가 살았을 듯한 우거진 송림 속, 게다가 덩그러니 살림집은 외따로 한 채뿐이었으나 식구로는 굉장한 것이어서 한 지붕 밑에서 팔도 사투리를 죄다 들을 만큼 모아놓은 미끈한 장정들만이 욱실욱실하였다. 이곳에 법령은 없었으나 여인 금납구禁納區였다. 만일 강심장의 여인이 있어 불의의 침입이 있다면 우리들의 호기심을 저윽이 자아내었고, 방마다 새로운 화제가 생기곤 하였다. 이렇듯 수도생활에 나는 소라 속처럼 안도하였던 것이다.

사건이란 언제나 큰 데서 동기가 되는 것보다 오히려 적은 데서 더

• 필사 추천 문장

종점이 시점이 된다. 다시 시점이 종점이 된다.

많이 발작하는 것이다.

눈 온 날이었다. 동숙하는 친구의 친구가 한 시간 남짓한 문안 들어가는 차 시간까지를 낭비하기 위하여 나의 친구를 찾아 들어와서 하는 대화였다.

"자네 여보게 이 집 귀신이 되려나?"

"조용한 게 공부하기 작히나 좋잖은가."

"그래 책장이나 뒤적뒤적하면 공분 줄 아나. 전차간에서 내다볼 수 있는 광경, 정거장에서 맛볼 수 있는 광경, 다시 기차 속에서 대할 수 있는 모든 일들이 생활 아닌 것이 없거든. 생활 때문에 싸우는 이 분위기에 잠겨서, 보고, 생각하고, 분석하고, 이거야말로 진정한 의미의 교육이 아니겠는가. 여보게! 자네 책장만 뒤지고 인생이 어떠하니 사회가 어떠하니 하는 것은 16세기에서나 찾아볼 일일세. 단연 문안으로 나오도록 마음을 돌리게."

나한테 하는 권고는 아니었으나 이 말에 귀 틈 뚫려 상푸둥[01] 그러리라고 생각하였다. 비단 여기만이 아니라 인간을 떠나서 도를 닦는다는 것이 한낱 오락이요, 오락이매 생활이 될 수 없고, 생활이 없으매 이 또한 죽은 공부가 아니랴. 하여 공부도

---

01 감정이 북받치거나 마음이 크게 움직이는 느낌을 흉내 낸 말.

- 필사 추천 문장

 오락이매 생활이 될 수 없고, 생활이 없으매 이 또한 죽은 공부가 아니랴.

생활화하여야 되리라 생각하고 불일내에 문안으로 들어가기를 내심으로 단정해 버렸다. 그 뒤 매일같이 이 자국을 밟게 된 것이다.

나만 일찍이 아침 거리의 새로운 감촉을 맛볼 줄만 알았더니 벌써 많은 사람들의 발자국에 포도鋪道는 어수선할 대로 어수선했고, 정류장에 머물 때마다 이 많은 무리를 죄다 어디 갖다 터뜨릴 심산인지 꾸역꾸역 자꾸 박아 싣는데, 늙은이, 젊은이, 아이 할 것 없이 손에 꾸러미를 안 든 사람은 없다. 이것이 그들 생활의 꾸러미요, 동시에 권태의 꾸러미인지도 모르겠다.

이 꾸러미를 든 사람들의 얼굴을 하나하나씩 뜯어보기로 한다. 늙은이 얼굴이란 너무 오래 세파에 짜들어서 문제도 안 되겠거니와 그 젊은이들 낯짝이란 도무지 말씀이 아니다. 열이면 열이 다 우수 그것이요, 백이면 백이 다 비참 그것이다. 이들에게 웃음이란 가물에 콩싹이다. 필경 귀여우리라는 아이들의 얼굴을 보는 수밖에 없는데 아이들의 얼굴이란 너무나 창백하다. 혹시 숙제를 못해서 선생한테 꾸지람 들을 것이 걱정인지, 풀이 죽어 쭈그러뜨린 것이 활기란 도무지 찾아볼 수 없다. 내 상도 필연코 그 꼴일 텐데 내 눈으로 그 꼴을 보지 못하는 것이 다행이다. 만일 다른 사람의 얼굴을 보듯 그렇게 자주 내 얼굴을 대한다고 할 것

- 필사 추천 문장

필경 귀여우리라는 아이들의 얼굴을 보는 수밖에 없는데 아이들의 얼굴이란 너무나 창백하다.

같으면 벌써 요사夭死하였을는지도 모른다.

나는 내 눈을 의심하기로 하고 단념하자!

차라리 성벽 위에 펼친 하늘을 쳐다보는 편이 더 통쾌하다. 눈은 하늘과 성벽 경계선을 따라 자꾸 달리는 것인데 이 성벽이란 현대로써 카무플라주한[02] 옛 금성禁城이다. 이 안에서 어떤 일이 이루어졌으며 어떤 일이 행하여지고 있는지 성 밖에서 살아왔고 살고 있는 우리들에게는 알 바가 없다. 이제 다만 한 가닥 희망은 이 성벽이 끊어지는 곳이다.

기대는 언제나 크게 가질 것이 못 되어서, 성벽이 끊어지는 곳에 총독부, 도청 무슨 참고관, 체신국, 신문사, 소방조, 무슨 주식회사, 부청府廳, 양복점, 고물상 등 나란히 하고 연달아 오다가 아이스케이크 간판에 눈이 잠깐 머무는데, 이놈을 눈 내린 겨울에 빈집을 지키는 꼴이라든가, 제 신분에 맞지 않는 가게를 지키는 꼴을 살짝 필름에 올리어본달 것 같으면 한 폭의 고등 풍자만화가 될 터인데 하고 나는 눈을 감고 생각하기로 한다. 사실 요즈음 아이스케이크 간판 신세를 면치 아니치 못할 자 얼마나 되랴.

아이스케이크 간판은 정열에 불타는 염서炎署[03]가 진정코 아쉽다.

---
02 위장한(camouflaged), 외형은 현대적으로 꾸몄지만, 본질은 과거의 모습을 감춘 상태를 의미한다.
03 몹시 심한 더위.

• 필사 추천 문장

이제 다만 한 가닥 희망은 이 성벽이 끊어지는 곳이다.

눈을 감고 한참 생각하노라면 한 가지 거리끼는 것이 있는데
이것은 도덕률이란 거추장스러운 의무감이다. 젊은 녀석이 눈을
딱 감고 버티고 앉아 있다고 손가락질하는 것 같아 번쩍 눈을
떠본다. 하나 가까이 자선할 대상이 없음에 자리를 잃지 않겠다는
심정보다 오히려 아니꼽게 본 사람이 없었으리란 데 안심이 된다.
이것은 과단성 있는 동무의 주장이지만 전차에서 만난 사람은
원수요, 기차에서 만난 사람은 지기라는 것이다. 딴은 그러리라고
얼마큼 수긍하였댔다. 한자리에서 몸을 비비적거리면서도 "오늘은
좋은 날씨올시다" "어디서 내리시나요"쯤의 인사는 주고받을
법한데, 일언반구 없이 뚱한 꼴들이 작히나 큰 원수를 맺고 지내는
사이들 같다. 만일 상냥한 사람이 있어 요만큼의 예의를 밟는다고
할 것 같으면, 전차 속의 사람들은 이를 정신 이상자로 대접할
게다. 그러나 기차에서는 그렇지 않다. 명함을 서로 바꾸고 고향
이야기, 행방 이야기를 거리낌 없이 주고받고 심지어 남의 여로를
자기의 여로인 것처럼 걱정하고, 이 얼마나 다정한 인생행로냐.
이러는 사이에 남대문을 지나쳤다. 누가 있어 "자네 매일같이
남대문을 두 번씩 지날 터인데 그래 늘 보곤 하는가"라는 어리석은
듯한 멘탈 테스트를 낸다면은 나는 아연해지지 않을 수 없다.
가만히 기억을 더듬어본달 것 같으면 늘이 아니라 이 자국을 밟은

• 필사 추천 문장

전차에서 만난 사람은 원수요, 기차에서 만난 사람은 지기라는 것이다.

이래 그 모습을 한 번이라도 쳐다본 적이 있었던 것 같지 않다. 하기는 그것이 나의 생활에 긴한 일이 아니매 당연한 일일 게다. 하나 여기에 하나의 교훈이 있다. 횟수가 너무 잦으면 모든 것이 피상적이 되어버리느니라.

이것과는 관련이 먼 이야기 같으나 무료한 시간을 까기 위하여 한마디 하면서 지나가자.

시골서는 내로라고 하는 양반이었던 모양인데, 처음 서울 구경을 하고 돌아가서 며칠 동안 배운 서울 말씨를 섣불리 써가며 서울 거리를 손으로 형용하고 말로써 떠벌려 옮겨놓더라는데, 정거장에 턱 내리니 앞에 고색이 창연한 남대문이 반기는 듯 가로막혀 있고, 총독부 집이 크고, 창경원에 백 가지 금수가 봄 직했고, 덕수궁의 옛 궁전이 회포를 자아냈고, 화신和信 승강기는 머리가 힁—했고, 본정本町엔 전등이 낮처럼 밝은데 사람이 물 밀리듯 밀리고, 전차란 놈이 윙윙 소리를 지르며 지르며 연달아 달리고— 서울이 자기 하나를 위하여 이루어진 것처럼 우쭐했는데, 이것쯤은 있을 듯한 일이다. 한데 게도 방정꾸러기가 있어

"남대문이란 현판이 참 명필이지요?"

하고 물으니 대답이 걸작이다.

"암 명필이고말고. 남南 자, 대大 자, 문門 자 하나하나 살아서

• 필사 추천 문장

횟수가 너무 잦으면 모든 것이 피상적이 되어버리느니라.

막 꿈틀거리는 것 같데."

어느 모로나 서울 자랑하려는 이 양반으로서는 가당한 대답일 게다. 이분에게 아현 고개 막바지에 -아니 치벽한 데 말고- 가까이 종로 뒷골목에 무엇이 있던가를 물었더라면 얼마나 당황해했으랴. 나는 종점을 시점으로 바꾼다.

내가 내린 곳이 나의 종점이요, 내가 타는 곳이 나의 시점이 되는 까닭이다. 이 짧은 순간 많은 사람 사이에 나를 묻는 것인데 나는 이네들에게 너무나 피상적이 된다. 나의 휴머니티를 이네들에게 발휘해낸다는 재주가 없다. 이네들의 기쁨과 슬픔과 아픈 데를 나로서는 측량한다는 수가 없는 까닭이다. 너무 막연하다. 사람이란 횟수가 잦은 데와 양이 많은 데는 너무나 쉽게 피상적이 되나 보다. 그럴수록 자기 하나 간수하기에 분망하나 보다.

시그널을 밟고 기차는 왱— 떠난다. 고향으로 향한 차도 아니건만 공연히 가슴은 설렌다. 우리 기차는 느릿느릿 가다 숨차면 가假정거장에서도 선다. 매일같이 웬 여자들인지 주룽주룽 서 있다. 저마다 꾸러미를 안았는데 예의 그 꾸러민 듯싶다. 다들 방년芳年된 아가씨들인데 몸매로 보아하니 공장으로 가는 직공들은 아닌 모양이다. 얌전히들 서서 기차를 기다리는 모양이다. 판단을 기다리는 모양이다. 하나 경망스럽게 유리창을

• 필사 추천 문장

고향으로 향한 차도 아니건만 공연히 가슴은 설렌다.

통하여 미인 판단을 내려서는 안 된다. 피상皮相 법칙이 여기에도 적용될지 모른다. 투명한 듯하나 믿지 못할 것이 유리다. 얼굴을 찌개놓은 듯이 한다든가, 이마를 좁다랗게 한다든가, 코를 말코로 만든다든가, 턱을 조개턱으로 만든다든가 하는 악희惡戱를 유리창이 때때로 감행하는 까닭이다. 판단을 내리는 자에게는 별반 이해관계가 없다손 치더라도 판단을 받는 당자에게 오려던 행운이 도망갈는지를 누가 보장할쏘냐. 여하간 아무리 투명한 꺼풀일지라도 깨끗이 벗겨버리는 것이 마땅할 것이다.

이윽고 터널이 입을 벌리고 기다리는데 거리 한가운데 지하 철도도 아닌 터널이 있다는 것이 얼마나 슬픈 일이냐.

이 터널이란 인류역사의 암흑시대요, 인생행로의 고민상이다.

공연히 바퀴 소리만 요란하다. 구역날 악질의 연기가 스며든다.

하나 미구에 우리에게 광명의 천지가 있다.

터널을 벗어났을 때 요즈음 복선공사에 분주한 노동자들을 볼 수 있다. 아침 첫차에 나갔을 때에도 일하고 저녁 늦차에 들어올 때에도 그네들은 그대로 일하는데, 언제 시작하여 언제 그치는지 나로서는 헤아릴 수 없다. 이네들이야말로 건설의 사도들이다. 땀과 피를 아끼지 않는다.

• 필사 추천 문장

이 터널이란 인류역사의 암흑시대요, 인생행로의 고민상이다.

그 육중한 궤도차軌道車를 밀면서도 마음만은 요원한 데 있어 궤도차의 판장에다 서투른 글씨로 신경행新京行이니 북경행北京行이니 남경행南京行이니 라고 써서 타고 다니는 것이 아니라 밀고 다닌다. 그네들의 마음을 엿볼 수 있다. 그것이 고력苦力에 위안이 안 된다고 누가 주장하랴.

이제 나는 곧 종시를 바꿔야 한다. 하나 내 차에도 신경행, 북경행, 남경행을 달고 싶다. 세계일주행이라고 달고 싶다. 아니 그보다 진정한 내 고향이 있다면 고향행을 달겠다. 다음 도착하여야 할 시대의 정거장이 있다면 더 좋다.

_ 1941년(추정).

---
04 이 부분 원고가 비어 있다.

• 필사 추천 문장

다음 도착하여야 할 시대의 정거장이 있다면 더 좋다.

풍경이 되고
사람으로 남다

백석

삶의 장면과 기억이
담긴 따뜻한 문장

백석의 문장은 살아 있는 풍경 속에 있다.

계절의 기척, 사람의 숨결, 잊히지 않는 마음이

소박한 말들로 남았다.

그는 슬픔을 말하지 않고도 슬프고,

사랑을 말하지 않고도 오래 남긴다.

말을 아끼는 문장, 꾸밈없는 기록이

시간이 흐를수록 더 진하게 남는다.

백석의 수필은 삶에서 길어 올린 시다.

읽다 보면 나도 모르게 마음이 따라 움직인다.

그 문장들이 풍경이 되고, 사람으로 남는다.

편지

정월 대보름 밤의 풍속과 노란 슬픔이 수선화 향기처럼 번져오는 편지 형식의 산문.
구수한 입말 속에 병든 연인을 향한 조용한 그리움과 정월의 풍경이 함께 어른거린다.

이 밤 이제 조금만 있으면 닭이 울어서 귀신이 제집으로 가고 육보름날[01]이 오겠습니다. 이 좋은 밤에 시꺼먼 잠을 자면 하이얗게 눈썹이 센다는 말은 얼마나 무서운 말입니까. 육보름이면 옛사람의 인정 같은 고사리의 반가운 맛이 나를 울려도 좋듯이, 허연 영감 귀신의 호통 같은 이 무서운 말이 이 밤에 내 잠을 쫓아버려도 나는 좋습니다. 고요하니 즐거운 이 밤 초로초롱 맑게 고인 샘물 같은 눈으로 나는 지금 당신께서 보내주신 맑고 고운 수선화 한 폭을 들여다봅니다. 들여다보노라니 그윽한 향기와 새파란 꿈이 안개같이 오르고 또 노란 슬픔이 냇내[02]같이 오릅니다. 나는

---
01 음력으로 매달 열엿샛날.

• 필사 추천 문장

그윽한 향기와 새파란 꿈이 안개같이 오르고 또 노란 슬픔이 냇내같이 오릅니다.

이제 이 긴긴밤을 당신께 이 노란 슬픔의 이야기나 해서 보내도
좋겠습니까.

남쪽 바닷가 어떤 낡은 항구의 처녀 하나를 나는 좋아하였습니다.
머리가 까맣고 눈이 크고 코가 높고 목이 패고 키가
호리낭창하였습니다. 그가 열 살이 못 되어 젊디젊은 그 아버지는
가슴을 앓아 죽고 그는 아름다운 젊은 홀어머니와 둘이
동지섣달에도 눈이 오지 않는 따뜻한 이 낡은 항구의 크나큰
기와집에서 그늘진 풀같이 살아왔습니다. 어느 해 유월이 저물게
실비 오는 무더운 밤에 처음으로 그를 안 나는 여러 아름다운
것에 그를 견주어보았습니다─. 당신께서 좋아하시는 산새에도
해오라기에도 또 진달래에도 그리고 산호에도……. 그러나 나는
어리석어서 아름다움이 닮은 것을 골라낼 수 없었습니다.
총명한 내 친구 하나가 그를 비겨서 수선이라고 하였습니다.
그때는 나도 기뻐서 그를 비겨 수선이라고 하였습니다. 그러한 나의
수선이 시들어갑니다. 그는 스물을 넘지 못하고 또 가슴의 병을
얻었습니다. 이 이야기는 이만하고 나의 노란 슬픔이 더 떠오르지
않게 나는 당신이 보내주신 맑고 고운 수선화의 폭을 치워놓아야

---

02 '냇가에서 풍기는 서늘하고 은은한 기운'이라는 뜻으로, 슬픔이 조용히 퍼진다는 의미의 비유적 표현
이다.

- 필사 추천 문장

그러나 나는 어리석어서 아름다움이 닮은 것을 골라낼 수 없었습니다.

하겠습니다.

밤이 아직 샐 때가 멀고 또 복밥03을 먹을 때도 아직 되지 않았습니다. 이제 나는 어머니의 바느질그릇이 있는 데로 가서 무새04 헝겊이나 얻어다가 알룩달룩한 각시나 만들면서 이 남은 밤을 당신께서 좋아하실 내 시골 육보름밤의 이야기나 해서 보내도 좋겠습니까.

육보름으로 넘어서는 밤은 집집이 안방으로 사랑으로 웃방에도 맏웃방에도 다락방에도 헛간에도 광에도 부엌에도 대문간에도 외양간에도 모두 째듯하니05 불을 켜놓고 복을 맞이하는 밤입니다. 달 밝은 마을의 행길 어디로는 복덩이가 돌아다닐 것도 같은 밤입니다. 닭이 수잠06을 자고 개가 밤물을 먹고 도야지 깃07을 들썩이는 밤입니다. 새악시 처녀들은 새 옷을 입고 복물을 걷는다고 벌을 건너기도 하고 고개를 넘기도 하여 부잣집 우물로 가서 반동이에 옹패기에 찰락찰락 물을 길어 오며 별 같은 이야기를 자깔자깔하는 밤입니다. 새악시 처녀들은 또

---

03 정월 대보름에 복을 기원하며 먹는 밥.
04 물을 들인 천.
05 선명하고 뚜렷하니.
06 깊이 들지 않는 잠. 겉잠.
07 외양간에 까는 마른풀. 건초.

• 필사 추천 문장

달 밝은 마을의 행길 어디로는 복덩이가 돌아다닐 것도 같은 밤입니다.

복을 가져오노라고 달을 보고 웃어가며 살기[08]같이 여우같이 부잣집으로 가서는 날쌔기도 하게 기왓골의 기왓장을 벗겨 오고 부엌의 솥뚜껑을 들어 오고 곱새담[09]의 짚날을 뽑아 오고…… 이렇게 허물없는 즐거움 속에 끼득깨득하는 그들은 산에서 내린 무슨 암짐승이 되어버리는 밤입니다. 그러다가는 집으로 들어가서 마음 고요히 세 마디 달린 수숫대에 마디마다 콩 한 알씩을 박아 물독 안에 넣는 밤인데, 밝은 날 산골이라는 웃마디, 중산이라는 가운데 마디, 해변이라는 밑마디의 그 어느 마디의 콩이 붇는가를 보고 그 어느 고장에 풍년이 들 것을 점칠 것입니다. 그러다가는 닭이 울어서 새날이 되면 아홉 가지 나물에 아홉 그릇 밥을 먹으며, 먹으면 몸 솔쐐기[10]가 쏜다는 김치와 먹으면 김맬 때 비가 온다는 물을 자꾸 먹고 싶어하는 밤입니다. 이렇게 해서 육보름의 아침이 됩니다. 새악시 처녀들은 해 뜨기 전에 동리 국수당[11]의 스무나무 가지를 쩌 오래서 가시가시에 하이얀 솜을 피우고 그 솜발 속에 며칠 앞서부터 스물이고 서른이고 만들어놓은 울긋불긋한 각시와 새하얀 할미를 세워서는

---

08 '살쾡이'의 방언.
09 낮고 예쁜 담장. '곱새'는 작고 고운 모양을 뜻하는 방언.
10 '송충이'의 방언.
11 '서낭당'의 방언

• 필사 추천 문장

그러다가는 닭이 울어서 새날이 되면 아홉 가지 나물에 아홉 그릇 밥을 먹으며 굴뚝담에 곱새담에 장독담에 꽂아놓는데 이렇게 하면 이해에는 하루갈이[12] 목화밭에서 천 근 목화가 난다고 믿는 그들이 새 옷의 스적이는 소리도 좋게 의좋은 짝패들끼리 끼리끼리 밀려다니며 담장마다 머물러서는 목화 따는 할미며 각시와 무슨 이야기나 하는 듯이 즐거워하는 것입니다.

(닭이 우나?) 아 닭이 웁니다. 나는 이만 이야기를 그치고 복밥을 기다리는 얼마 아닌 동안 신선과 고사리와 수선화와 병든 내 사람이나 생각하겠습니다.

― 〈조선일보〉 1936년 2월 21일.

―
12 소를 데리고 하룻낮 동안 갈 수 있는 밭의 넓이.

• 필사 추천 문장

(닭이 우나?) 아 닭이 웁니다. 나는 이만 이야기를 그치고 병든 내 사람이나 생각하겠습니다.

입춘

입춘을 맞으며 겨울의 뒷모습과 고향의 이야기를 풀어낸 산문.
백석 특유의 말맛 속에 계절의 덧없음과 삶의 쓸쓸한 단면이 나직하게 스며든다.

이번 겨울은 소대한 추위를 모두 천안 삼거리 마른 능수버들 아래 맞았다. 일이 있어 충청도 진천으로 가던 날에 모두 소대한이 들었던 것이다. 나는 공교로이 타관 길에서 이런 이름 있는 날의 추위를 떨어가며 절기라는 것의 신묘한 것을 두고두고 생각하였다. 며칠 내 마치 봄날같이 땅이 슬슬 녹고 바람이 푹석하니 불다가도 저녁결에나 밤사이 날씨가 갑자기 차지는가 하면 으레 다음날은 대한이 으등등해서 왔다. 그동안만 해도 제법 봄비가 풋나물 내음새를 피우며 내리고 땅이 눅눅하니 밈이 들고[01] 해서 이제는 분명히 봄인가고 했는데 간밤 또 갑자기 바람결이 차지고 눈발이

---
01 습기가 스며들고.

• 필사 추천 문장

나는 이런 이름 있는 날의 추위를 떨어가며 절기라는 것의 신묘한 것을 두고두고 생각하였다.

날리고 하더니 아침은 또 쫑쫑하니 날씨가 매찬데 아니나 다를까 입춘이 온 것이었다. 나는 실상 해보다 달이 좋고 아침보다 저녁이 좋은 것같이 양력보다는 음력이 좋은데, 생각하면 오고 가는 절기며 들고 나는 밀물이 우리 생활과 얼마나 신비롭게 얼키었는가. 절기가 들 적마다 나는 고향의 하늘과 땅과 사람과 눈과 비와 바람과 꽃 들을 생각하는데 자연이 시골이 아름답듯이 세월도 시골이 아름답고 사람의 생활도 절대로 시골이 아름다울 것 같다. 이번 입춘이 먼 산 넘어서 강 넘어서 오는 때 우리 시골서는 이런 이야기가 왔다. 우리 고향서 제일가는 부자가 요즈음 저 혼자 밤에 남폿불 아래서 술을 먹다가 남포가 터지면서 불이 옷에 닿아 그만 타 죽었다 했다. 평소 인색하기로 소문난 사람인데 술을 먹되 누구와 같이 동무해 먹지 않았고 전등이나 켤 것이지 남포를 켰다가 변을 당했다고 하는 시비가 이야기에 덧묻어 왔다. 또 하나는 역시 우리 고향에서 한때는 남의 셋방살이를 하며 좁쌀도 되수리[02]로 말아[03] 먹고 지내던 사람이 금광에 돈을 모으고 얼마 전에는 자가용 자동차를 사들였다는 이야긴데 여기에는 또 어떤 분풀이 같은 기운이 말끝에 채이었다.

---
02 됫밑. 곡식이 되로 차고 난 뒤에 조금 남은 분량.
03 외상으로.

• 필사 추천 문장

자연이 시골이 아름답듯이 세월도 시골이 아름답고 사람의 생활도 절대로 시골이 아름다울 것 같다.

오는 입춘과 같이 이런 이야기를 맞으며 나는 생각했다. 내 시골서는 요즈음 누구나 다들 입을 뻗치거나 솜씨를 써가며 이 이야기들을 할 것인데 그럴 때마다 돈과 목숨과 생활과 경우와 운수 같은 것에 대해서 컴컴하니 분명치 못한 생각들이 때로는 춥게 때로는 덥게 그들 마음의 바람벽에 바람결같이 부딪치고 지나가는 즈음에 입춘이 마을 앞벌에 마을 어구에 마을 안에 마을의 대문간들에 온 것이라고.

이런 고향에서는 이번 입춘에도 몇 번이나 '보리 연자 갔다가 얼어 죽었다'는 말을 하며 입춘이 지나도 추위는 가지 않는다고 할 것인가. 해도 입춘만 넘으면 양지바른 둔덕[04]에는 머리칼풀의 속움이 트는 것이다. 그러기에 입춘만 들면 한겨울 내 친했던 창애[05]와 썰매와 발구[06]며 꿩 노루 토끼에 멧돼지며 매 멧새 촛출이[07] 들과 떠나는 것이 섭섭해서 소년의 마음은 흐리었던 것이다. 높고 무섭고 쓸쓸하고 슬픈 겨울이나 그래도 가깝고 정답고 즐겁고 흥성흥성해서 좋은 겨울이 그만 입춘이 와서 가버리는 것이라고 소년은 슬펐던 것이다.

---
04 가운데가 솟아서 불룩하게 언덕이 진 곳.
05 짐승을 꾀어서 잡는 덫의 하나.
06 마소에 메워 물건을 실어 나르는 큰 썰매.
07 '뱁새'의 방언.

• 필사 추천 문장

높고 무섭고 쓸쓸하고 슬픈 겨울이나 그래도 가깝고 정답고 즐겁고 흥성흥성해서 좋은 겨울

그런 소년도 이제는 어느덧 가고 외투와 장갑과 마스크를 벗기가 가까워서 서글픈 마음이 없듯이 겨울이 가서 슬퍼하는 슬픔도 가버렸다. 입춘이 오기 전에 벌써 내 썰매도 노루도 멧새도 다 가버린 것이다.

입춘이 드는 날 나는 공일무휴共日無休의 오피스에 지각을 하는 길에서 겨울이 가는 것을 섭섭히 여기지 못했으나 봄이 오는 것을 즐거이 여기지는 않았다. 봄의 그 현란한 낭만과 미 앞에 내 육체와 정신이 얼마나 약하고 가난할 것인가. 입춘이 와서 봄이 오면 나는 어쩐지 까닭 모를 패부敗負[08]의 그 읍울悒鬱[09]을 느끼어야 할 것을 생각하면 나는 차라리 입춘이 없는 세월 속에 있고 싶다.

_〈조선일보〉 1939년 2월 14일.

---

08 좌절감, 실패감.
09 걱정스러워 마음이 답답함.

• 필사 추천 문장

봄의 그 현란한 낭만과 미 앞에 내 육체와 정신이 얼마나 약하고 가난할 것인가.

단풍

시월 단풍의 불타는 아름다움 속에 덧없고 매운 감정이 배어 있는 산문.
백석은 붉은 정념과 외로움, 그리고 씻기지 않는 마음의 흔적을 절제된 언어로 새긴다.

빨간 물 질게 든 얼굴이 아름답지 않으뇨. 빨간 정情 무르녹는 마음이 아름답지 않으뇨. 단풍 든 시절은 새빨간 웃음을 웃고 새빨간 말을 지줄댄다.

어디 청춘을 보낸 서러움이 있느뇨. 어디 노사老死를 앞둘 두려움이 있느뇨.

재화가 한끝[01] 풍성하여 시월 햇살이 무색하다. 사랑에 한창 익어서 살찐 따몸[02]이 불탄다. 영화의 자랑이 한창 현란해서 청청 하늘이 눈부셔 한다.

시월 시절은 단풍이 얼굴이요 또 마음인데, 시월 단풍도 높다란

---
01 한껏.
02 땅의 몸.

• 필사 추천 문장

단풍 든 시절은 새빨간 웃음을 웃고 새빨간 말을 지줄댄다.

낭떠러지에 두서너 나무 깨웃듬이[03] 외로이 서서 한들거리는 것이 기로다.

시월 단풍은 아름다우나 사랑하기를 삼갈 것이니 울어서도 다하지 못한 독한 원한이 빨간 자주로 지지우리지[04] 않느뇨.

_《여성》1937년 10월호 '가을의 표정'란.

---
03 조금 기운 듯이.
04 내리눌리지.

- 필사 추천 문장

시월 단풍은 아름다우나 사랑하기를 삼갈 것이니

소월과 조선생

스승 조만식에게 바친 소월의 미발표 시를 중심으로 삶과 마음의 흐름을 더듬는 산문.
백석은 스승 앞에 다시 선 시인의 부끄러움과 그리움을 담담하게 되살려낸다.

나는 며칠 전 안서岸曙[01] 선생님한테로 소월素月이 생전 손에서 놓지 않던 노트 한 책을 빌려 왔다. 장장이 소월의 시와 사람이 살고 있어서 나는 이 책을 뒤지면서 이상한 흥분을 금하지 못한다. 대부분이 미발표의 시요, 가끔 그의 술회와 기원이 두세 줄씩 산문으로 적히고 가다가는 생각이 막혔던지 낙서가 나오고 만화가 나오고 한다. 줄과 줄, 글자와 글자를 분간하기 어렵게 지우고 고치고 내어 박고 달아 붙이고 한 이 시들은 전부가 고향, 술, 채무, 인정 같은 것을 읊조린 것인데 그 가운데 이색異色으로 〈제이·엠·에스〉라는 시가 있다.

---
01 시인 김억의 호.

• 필사 추천 문장

소월의 시와 사람이 살고 있어서 나는 이 책을 뒤지면서 이상한 흥분을 금하지 못한다.

제이·엠·에스[02]

평양서 나신 인격의 그 당신님 제이·엠·에스

덕 없는 나를 미워하시고

재조[03] 있는 나를 사랑하셨다

오산 계시던 제이, 엠, 에스,

사오 년 봄 만에 오늘 아침 생각난다

근년 처음 꿈 없이 자고 일어나며

얽은 얼굴에 자그만 키와 여윈 몸맵시는,

달은 쇠 같은 타는 듯한 눈동자만이 유난히 빛나셨다

(1행 생략)

소박한 풍채, 인자하신 옛날의 그 모양대로

그러나, 아- 술과 계집과 이욕에 헝클어져

십오 년에 허주한 나를

웬일로 그 당신님,

맘속으로 찾으시노? 오늘 아침,

---

02 조선의 독립운동가이자 오산학교 교장이던 조만식(曺晩植) 선생의 영문 이니셜. 소월이 자신의 스승에게 바친 헌시다.
03 재능과 기개. 조만식 선생이 소월의 재능을 높이 평가했음을 드러낸다.

• 필사 추천 문장

달은 쇠 같은 타는 듯한 눈동자만이 유난히 빛나셨다

아름답다 큰 사랑은 죽는 법 없어

기억되어 항상 가슴속에 숨어 있어

미쳐 거칠은 내 양심을 잠재우리

내가 괴로운 이 세상 떠나는 때까지.

구심舊心 5, 26, 야서夜書라 하였는데 시방으로부터 육 년 전이다. 오산학교[04]를 나온 이들은 제이·엠·에스라는 이니셜로 된 이름이 조만식 선생님이신 것은 알 것이다. 불세출의 천재 소월은 오산학교에서 사 년 동안 이 조선생님의 훈도를 입었는데 이 시인은 그 높게 우러러 존경하던 조선생님께서 하루아침 고요히 그 마음속으로 찾아오신 때 황공하여 쪼그리고 앉아 머리를 들지 못하고 호곡하였던[05] 것이다. 소월은 이때 그 "정주 곽산 배 가고 차 가는 곳"인 고향을 떠나 산읍 구성남시에서 돈을 모으려고 애를 쓰던 때다. 소월이 술을 사랑하고 돈도 모으려고 했으나 별로 남의 입사내에 오르도록 계집을 가지고 굴은 일은 없다 하되 그러되 이미 그 고요하고 맑아야 할 마음이

---
04 1915년 이승훈이 설립한 민족계몽교육 기관. 김소월은 이곳에서 조만식과 김억 등에게서 사상과 문학을 배웠다.
05 소리를 내어 슬피 울었던.

• 필사 추천 문장

 아름답다 큰 사랑은 죽는 법 없어

미쳐 거칠었던 탓에 그는 이 은사 앞에 엎드려 이렇게 호곡하는 것이다.

소월은 오산학교 때에 체조 한 과목을 내어놓고는 무엇에나 우등을 하였다. 조선생님은 이렇게 재조 있는 소월을 그 인자하신 웃음을 띠고 머리를 쓰다듬어 사랑하신 모양이 눈앞에 보이는 듯한데 오산을 다녀 나온 자 누구에게나 그렇듯이 이 천재 시인도 그 마음이 흐리고 어두울 때 역시 얽으신 얼굴에 자그만 키와 여윈 몸맵시의 조만식 선생님을 찾아오시었던 것이다.

_〈조선일보〉 1939년 5월 1일.

• 필사 추천 문장

이 천재 시인도 그 마음이 흐리고 어두울 때 역시 선생님을 찾아오시었던 것이다.

슬픔과 진실-
여수 박팔양[01] 씨 시초詩抄 독후감

진실한 슬픔에서 시인의 마음을 찾아가는 따뜻한 독후 산문. 백석이 다른 시인의 시집에 대해 평한 것은 이 글이 유일하다. 그는 서평을 통해 진실과 겸손, 시의 맑은 울림이 무엇인지 조용히 되묻는다.

사람이 한 일을 오래 두고 일삼는 것은 얼마나 어려운 일입니까. 더욱이 그 일이 높고 참되고 아름다운 일일 때 얼마나 어려운 일이겠습니까.
일찍이 진실로 높고 귀한 것이 무엇인지를 알고 이것에 마음을 제사드리어 이것이 아니면 안심하지 못하고 입명立命[02]하지 못하고 이것이 아니면 즐겁지 않은 때에 밖으로 얼마나 큰 간난과 고통이 오는 것입니까. 속된 세상에서 가난하고 핍박을 받아 처량한 것도 이 때문입니다. 우리 시단의 존경하는 선배 여수麗水 박팔양 씨는

---
01 필명 '김려수', 호 '여수'. 일제강점기 도시적 모더니즘과 현실 인식이 공존하는 시인이다. 첫 시집이 《여수시초》다.
02 천명(天命)을 좇아 마음의 안정을 얻음.

• 필사 추천 문장

사람이 한 일을 오래 두고 일삼는 것은 얼마나 어려운 일입니까.

이러한 혼입니다. 그의 말마따나 "오래고 험한 고난의 길"을 그는 걸어오는 것입니다. 그는 〈그 누가 저 시냇가에서〉에서 노래합니다.

> 그 누가 저 시냇가에서
> 저렇게 쓸쓸한 휘파람을 붑니까
> 그도 나와 같이 근심이 많아
> 밤하늘 우러러보며 슬프게 우나봅니다

높은 시름이 있고 높은 슬픔이 있는 혼은 복된 것이 아니겠습니까. 진실로 인생을 사랑하고 생명을 아끼는 마음이라면 어떻게 슬프고 시름 차지 아니하겠습니까. 시인은 슬픈 사람입니다. 세상의 온갖 슬프지 않은 것에 슬퍼할 줄 아는 혼입니다. "외로운 것을 즐기는" 마음도 세상 더러운 속중俗衆을 보고 "친구여" 하고 부르는 것도 "태양을 등진 거리를 다 떨어진 병정 구두를 끌고 휘파람을 불며 지나가는" 마음도 다 슬픈 정신입니다.
이렇게 진실로 슬픈 정신에게야 속된 세상에 그득 찬 근심과 수고가 그 무엇이겠습니까. 시인은 진실로 슬프고 근심스럽고 괴로운 탓에 이 가운데서 즐거움이 그 마음을 왕래하는 것입니다. 이 시인은 〈달밤〉에서 노래합니다.

• 필사 추천 문장

시인은 슬픈 사람입니다. 세상의 온갖 슬프지 않은 것에 슬퍼할 줄 아는 혼입니다.

은쟁반 같은 보름달의 얼굴을 바라보는 오늘밤의 나는

행복스럽습니다. 나의 근심은 이제 근심답지도 아니하여지고

거리의 여러 수고스러운 일들이 또한 하잘것없이 가벼운

웃음거리가 되고 말았습니다.

나의 가슴속은 지금 티끌 하나 없이 깨끗하고 오직 가벼운

즐거움이 홀로 서 있는 나의 마음속을 왕래하고 있습니다.

이 시인의 슬픈 마음에 즐거움이 왕래하는 까닭은 그것은 그가
진실한 것을 대하고 있는 탓입니다.
우리는 이제 이 시인이 얼마나 숭고한 진실 앞에서 울고 우는가를
볼 수 있습니다.

친구께서는 길을 가시다가

길가의 한 포기 조그마한 풀을

보신 일이 있으실 것이외다

(중략)

그대와 나는 목숨을 위하여

땅 위에 뒹굴고 또 뒹굴 것이외다

〈목숨〉

• 필사 추천 문장

슬픈 마음에 즐거움이 왕래하는 까닭은 진실한 것을 대하고 있는 탓입니다.

이렇게 어린아이처럼 뒹구는 이 시인의 눈가에는 뜨거운 것이 자꾸자꾸 괴어오를 것을 나는 생각합니다. 또

   이맘때쯤 가난한 지붕 밑에 밤새어 앓는
   어느 외로운 홀어머니 아들의 더운 머리도
   싸늘하게 식고 비로소 정신을 차려 눈을 뜰 때다
   〈가을밤〉

이때 이 시인의 따사한 가슴에는 그 무슨 차디찬 것이 무거이 무거이 가라앉아 시인은 고요히 무릎을 꿇었을 것을 나는 생각합니다.
이 시인은 이러한 진실을 "나직이 참으로 나직이 하여 우수수하는 나뭇잎 소리에도 날아나버릴 듯한 나직한 목소리로" 노래도 부르고 휘파람도 불어보고 그러다가는 "드릴 말씀이 없어" "아무 말씀도 아니하"고…… 하는 것입니다.
이러한 높고 참되고 겸손한 시인의 시집이 시인의 연세 사십을 거의 바라볼 때 나왔기로니 시집을 이룬 시품詩品이 겨우 마흔하고 일곱밖에 아니 된다기로니 이것이 무엇입니까. 더럽고 낮고 거짓되고 겸손할 줄 모르는 우리 주위에서 시인 여수와 시집

• 필사 추천 문장

 어린아이처럼 뒹구는 이 시인의 눈가에는 뜨거운 것이 자꾸자꾸 고여오를 것

《여수시초》에는 존경을 드릴 것밖에 없습니다.

《여수시초》는 나직하여 오르기 좋은 산이요, 맑고 정한 시내요, 산허리의 불그레한 진달래요, 여름 저녁이요, 정다운 날벌레입니다. 여수는 그 이름같이 물을 그중에서도 시냇물을 좋아하는 시인입니다. 《여수시초》의 제1경 〈시냇물〉에 이르면—

> 시냇물은 여름의 황혼이 즐거운 듯이
> 춤을 추며 풀 향기를 물 위에 실고 흐르네
> 냇가에는 이름 모를 날벌레들이 날고
> 냇가에는 어린 동무들이 재재거리며 놀고
> 어려서는 냇가에서 밤 깊은 줄을 몰랐고
> 자라서는 냇가에서 슬픈 노래를 배웠네

얼마나 좋습니까. 느끼웁습니까. 그윽합니까. 하다못해 슬퍼지는 것입니까—.

"어려서는 냇가에서 밤 깊은 줄을 몰랐고
자라서는 냇가에서 슬픈 노래를 배웠네"

• 필사 추천 문장

어려서는 냇가에서 밤 깊은 줄을 몰랐고 자라서는 냇가에서 슬픈 노래를 배웠네

우리 시단의 맑고 정한 시냇물인 《여수시초》로 발가벗고 기뻐 뛰며 올 여름입니다. 그리고 《여수시초》는 경성 종로 박문서관 발행으로 정가는 삼십 전의 소단행본이다.

_〈만선일보〉 1940년 5월 9일~10일.

- 필사 추천 문장

발가벗고 기뻐 뛰며 올 여름

당나귀

가난한 당나귀의 걸음 속에 연민과 체념, 존엄이 깃든 산문.
백석은 고단한 존재를 따뜻한 시선으로 바라보며
조용한 시적 언어로 삶의 슬픔과 품위를 동시에 그려낸다.

날은 맑고 바람은 따사한 어느 아침 날, 마을에는 집집이 개가 짖고 행길에는 한 물커니[01] 아이들이 달리고 이리하여 조용하던 마을은 갑자기 흥성거리었다.

이 아침 마을 어구의 다 낡은 대장간에 그 마당귀 까치 짖는 마른 들메나무 아래 어떤 길손이 하나 있었다. 길손은 긴 귀와 꺼먼 눈과 짧은 네 다리를 하고 있어서 조용하니 신을 신기우고 있었다. 조용하니 그 발에 모양이 자못 손바닥과 같은 검푸른 쇠자박[02]을 대이고 있었다.

그는 어느 고장으로부터 오는 마음이 하도 조용한 손이던가. 싸리

---

01 '떼(무리)'의 방언
02 쇠 편자.

• 필사 추천 문장

그는 어느 고장으로부터 오는 마음이 하도 조용한 손이던가.

단을 내려놓고 갈기에 즉닙새[03]를 날리는 그는 어느 산골로부터 오는 손이던가. 그는 어느 먼 산골 가난하나 평안한 집 훤하니 먼동이 터오는 으스스하니 추운 외양간에서 조짚[04]에 푸른 콩을 삶아 먹고 오는 길이던가. 그는 안개 어린 멀고 가까운 산과 내에 동네방네에 뻐꾸기 소리 닭의 소리를 느껍게 들으며 오는 길이던가. 마른나무에 사지를 동여매이고 그 발바닥에 아픈 못을 들여 백끼우면서도 천연하여 움직이지 않고, 아이들이 돌을 던지고 어른들이 비웃음과 욕사설을 퍼부어도 점잖하여 어지러이 하지 않고, 모든 것을 다 가엾이 여기며 모든 것을 다 받아들이며 모든 것을 다 허물하거나 탓하지 않으며 다만 홀로 널따란 빈 벌판에 있듯이 쓸쓸하나 그러나 그 마음이 무엇에 넉넉하니 차 있는 이 손은 이 아침 싸리 단을 팔아 양식을 사려고 먼 장으로 가는 것이었다.

날은 맑고 바람은 따사한 이 아침 날, 길손은 또 새로이 욕된 신을 신고 다시 싸리 단을 짊어지고 예대로 조용히 마을을 나서서 다리를 건너서 벌에서는 종달새도 일쿠고[05] 늪에서는 오리 떼도

---
03 갈기 등을 흔드는 순간적 몸짓. 백석이 당나귀를 의인화하여 쓴 표현으로 보인다.
04 낟알을 떨어낸 조나 피 따위의 줄기.
05 일으키고.

• 필사 추천 문장

모든 것을 다 가엾이 여기며 모든 것을 다 받아들이며 모든 것을 다 허물하거나 탓하지 않으며 날리며 홀로 제 꿈과 팔자를 즐기는 듯이 또 설워하는 듯이 그는 타박타박 아지랑이 낀 먼 행길에 작아져갔다.

_《매신사진순보》 294호(1942년 8월 11일).

• 필사 추천 문장

그는 타박타박 아지랑이 낀 먼 행길에 작아져갔다.

해빈[01] 수첩 海濱手帖

해변의 개, 까마귀, 어린아이들을 통해
자연과 삶의 고요하고 깊은 결을 그려낸 산문.
감각적인 묘사 속에 존재에 대한 시적 시선이 섬세하게 살아 있는 작품이다.

개

저녁물이 끝난 개들이 하나둘 기슭으로 모입니다. 달 아래서는 개들도 뼈다귀와 새끼 똥아리를 물고 깍지 아니합니다. 행길에서 걷던 걸음걸이를 잊고 마치 밀물의 내음새를 맡는 듯이 제 발자국 소리를 들으려는 듯이 고개를 쑥— 빼고 머리를 쳐들고 천천히 모래장변을 거닙니다. 그것은 멋이라 없이 칠월 강변의 칠게를 생각게 합니다. 해변의 개들이 이렇게 고요한 시인이 되기는 하늘에 쏘구랑별[02]들이 자리를 바꾸고 먼바다에 뱃불이 물길을 옮기는 동안입니다.

---
01 바닷가.
02 백석이 창조한 시적 표현. 하늘의 별자리나 별빛의 움직임을 암시하는 듯하다.

• 필사 추천 문장

해변의 개들이 이렇게 고요한 시인이 되기는

산탁 방성의 개들은 또 무엇에 놀라 짖어내어도 이 기슭에 서 있는 개들은 세상의 일을 동딸이 짖으려 하지 아니합니다. 마치 고된 업고를 떠나지 못하는 족속이 어리석다는 듯이 그리고 그들은 그 소리에서 무엇을 찾으려는 듯이 무엇을 생각하는 듯이 우뚝 서서 고개를 들고 귀를 기울입니다. 그들은 해변의 숭엄한 철인들입니다. 밤이 들면 물속의 고기들이 숨구막질[03]을 하는 때이니 이때면 이 기슭의 개들도 든덩[04]의 벌인 배 위에서 숨구막질을 시작합니다. 그들은 그들의 일이 끝나도, 언제까지나 바닷가에 우둑하니 서서 주춤거리며 기슭을 떠나려 하지 아니합니다. 저 달이 제집으로 돌아간 뒤에야 올 조금[05]의 들물[06]에게 무슨 이야기나 있는 듯이.

가마구

바람 부는 아침에는 기슭에 한불[07] 가마구가 앉습니다. 그들은 먼 촌수의 큰아버지의 제사에 쓸어 모인 가난한 일가들입니다. 겨울 바다의 해가 올라와도 바람이 멎지 않는 아침과 고깃배들이

---

03 숨바꼭질.
04 '둔덕'의 방언.
05 조수가 가장 낮은 때.
06 '밀물'의 방언.
07 한가득.

• 필사 추천 문장

저 달이 제집으로 돌아간 뒤에야 올 조금의 들물에게 무슨 이야기나 있는 듯이.

개포를 나지 못하는 비바람 설레는 저녁은 가마구들이 바다의
승둥을 물려받는 때이니 그들은 이리하여 바다의 장손이 됩니다.
아침이면 밤물에 떠밀려 온 강아지의 송장을 놓고 욕심 많은
제관인 가마구들은 고개를 주억주억 제사를 드립니다. 마치 먼
할아버지의 성묘를 하는 정성 없는 자손같이.
바닷사람들이 모래장변에 왕구새의 자리[08]를 펴고 참치를 말리는
시절엔 참대 끝에 가마구의 송장을 매어 달아 그 자리 가에
세웁니다. 이는 죽음의 사자인 가마구들에게 죽음의 두려움을
가르치려는 어리석은 지혜입니다.
제 종족의 송장 아래서 가마구들은 썩은 송장 파던 그 쥐두미[09]를
덩싯거리며 무서운 저주를 사특한 이웃인 이 바닷사람들에게 뻘는
것입니다. 그러다가도 그 영리한 지혜가 말하기를 바닷사람들의
이러한 버릇이 그들을 두려워하고 위하는 표이리라고, 그리하여
바닷사람들은 그들의 죽은 종족을 높이 받들어 참치를 제물로
괴이고 졸곡제[10]를 지내는 것이라고 하면 그때엔 바닷가의
제사장인 가마구들은 제 종족의 죽음을 우러러 받드는

---

08 왕골을 엮어 만든 자리. '왕구새'는 왕골의 방언.
09 부리. 주둥이.
10 삼우제를 지낸 뒤에 곡을 끝낸다는 뜻으로 지내는 제사.

• 필사 추천 문장

이는 죽음의 사자인 가마구들에게 죽음의 두려움을 가르치려는 어리석은 지혜입니다.

이 바닷사람들을 까욱까욱 축복하면서 먼 소나무 가지로 날아가 앉습니다. 이는 제 종족이 죽어 제사를 받는 때 그 제터에 가까이하지 않는 것으로 죽은 종족의 명복을 비는 그들의 예절과 풍속을 지키는 까닭입니다.

그러나 가마구들은 바닷사람들과 원수질 것을 까욱까욱 울며 맹세하였습니다.

어느 때에 바닷사람들은 대 끝에 죽은 가마구 대신에 마치 닭이채같이 검은 헝겊을 매어 달았습니다. 또 민지 없는 낚시코에 피도 가시지 않은 가마구의 죽지 하나를 꿰어 달기도 하였습니다. 그 뒤로 가마구들은 늙은 사공이 사랑하는 부둑 개가 기슭으로 나오면 그 모진 쥐두미로 개의 등허리와 엉덩이를 쿡쿡 쪼아 울려놓고야 맙니다. 바닷사람들의 참치 자리 위에 묽은 횃대똥을 찔— 하고 싸갈기며 시원하다 합니다.

그리하여 이 노여움 많은 사자들이 농신의 사당에 부지런히 조시를 보러 나아가서는 바닷사람들을 잡아오란 귀신의 영을 그렇게도 감감하니 기다리는 것입니다.

어린아이들

바다에 태어난 까닭입니다.

• 필사 추천 문장

가마구들은 바닷사람들과 원수질 것을 까욱까욱 울며 맹세하였습니다.

바다가 주는 옷과 밥으로 잔뼈가 굵은 이 바다의 아이들께는
그들의 어버이가 바다로 나가지 않는 날이 가장 행복된 때입니다.
마음 놓고 모래장변으로 놀러 나올 수 있는 까닭입니다.
굴깝지 위에 낡은 돛대를 들보로 세운 집을 지키며 바다를
모르고 사는 사람들을 부러워하며 자라는 그들은 커서는 바다로
나아가야 합니다.

바다에 태어난 까닭입니다.
흐리고 풍랑 센 날 집안에서 여울의 노대[11]를 원망하는 어버이들은
어젯날의 뱃놀이를 폭이 되었다거나 아니 되었다거나 그들에게는
이 바다에서는 서풍 끌이면 으레 오는 소낙비가 와서 그들의
사랑하는 모래텀[12]과 아끼는 옷을 적시지만 않으면 그만입니다.
*
밀물이 쎄는 모래장변에서 아이들은 모래성을 쌓고 바다에
싸움을 겁니다.
물결이 그들의 그 튼튼한 성을 허물지 못하는 것을 보고 그들은

---
11 바람이 사납고 물결이 크게 이는 일.
12 모래톱. 모래사장.

• 필사 추천 문장

그들의 어버이가 바다로 나가지 않는 날이 가장 행복된 때입니다.

더욱 승승하니 그 작은 조마구[13]들로 바다에 모래를 뿌리고
조악돌을 던집니다. 바다를 사멸시키고야 말 듯이.
그러나 얼마 아니하여 두던[14]의 작은 노리[15]가 그들을 부르면
그들은 그렇게도 순하게 그렇게도 헐하게 성을 비우고 싸움을
벌입니다.
해 질 무리에 그들이 다시 아버지를 따라 기슭에 몽당불을 놓으러
불가로 나올 때면 들물이 성을 헐어버린 뒤이나 그때는 벌써
그들이 옛 성과 옛 싸움을 잊은 지 오래입니다.

*

바다의 아이들은 바다에 놀라지 아니합니다.
바다가 그 무서운 혀끝으로 그들의 발끝을 핥아도 그들은
다소곳이 장변에 앉아서 고누를 둡니다.
지렁이같이 그들은 고요히 도랑 치고 밭 가는 역사를 합니다.
손가락으로 많은 움물[16]을 팠다가는 발뒤축으로 모두
메워버립니다.
바닷물을 손으로 움켜내어서는 맛도 보지 않고 누가 바다에

---

13 조막. 주먹보다 작은 덩이를 비유적으로 이르는 말.
14 '언덕'의 방언.
15 '노루'의 방언.
16 '우물'의 방언.

• 필사 추천 문장

바다의 아이들은 바다에 놀라지 아니합니다.

소금을 두었다고 동무를 부릅니다.

바다에 놀라지 않는 그들인 탓에 크면은 바다로 나아가야 하는

바다의 작은 사람들입니다.

_《이십회 회보》1호(1934년 3월 22일).

• 필사 추천 문장

크면은 바다로 나아가야 하는 바다의 작은 사람들입니다.

• 마포

서울 변두리 포구를 배경으로, 뱃사람의 삶과 도시 문명이 교차하는 순간을 예리하게 포착한 산문. 날 선 시선과 절제된 언어 속에, 사라져가는 풍경에 대한 애잔한 애도가 묻어난다.

사장沙場은 물새가 없이 너무 너르고 그 건너 포플러의 행렬은 이 개포의 돛대들보다 더 위엄이 있다. 오래 머물지 못하는 돛대들이 쫓겨 달아나듯이 하구河口를 미끄러져 도망해 버린다. 나무 없는 건넌산들은 키가 돛대보다 낮다. 피부 빛은 사공들의 잔등보다 붉다. 물속에 들어간 닻이 얼마나 오래 있나 보자고 산들은 물 위를 바라보고들 있는 듯하다.

개포에는 낮닭이 운다. 기슭 핥는 물결 소리가 닭의 소리보다 낮게 들린다. 저 아래 철교 아래 사는 모터보트가 돈 많은 집 서방님같이 은회색 양복을 잡숫고[01] 호기 뻗친 노라리[02] 걸음으로

---
01 입고. '잡숫다'는 궁중에서, 옷을 입음을 이르던 말이다.
02 건달처럼 건들건들 놀며 세월만 허비하는 짓. 또는 그런 사람.

• 필사 추천 문장

나무 없는 건넌산들은 키가 돛대보다 낮다.

내려오곤 한다. 빈 마상이[03]가 발길에 차이고 못나게 출렁거리며
운다.

커다란 금 휘장의 모자를 쓴 운전수들이 빈손 들고 내려서는
동둑[04]을 넘어서 무엇을 찾는 듯이 구차한 거리로 들어간다.
구멍 나간 고의[05]를 입은 사공들을 돌아다보지 않는 것이
그들의 예의이다. 모두 머리를 모으고 몸을 비비대고 들어선
배들 앞에는 언제나 운송점의 빨간 트럭 한 대가 놓여 있다.
때때로 퐁퐁퐁퐁……거리는 것은 아마 시골 손들에게 서울의
연설을 하는지 모른다.

여의도에 비행기가 뜨는 날 먼 시골 고장의 배가 들어서는 때가
있다. 돛대 꼭두마리의 팔랑개비를 바라보던 버릇으로 뱃사람들은
비행기를 쳐다본다. 그리고 돛대의 흰 깃발이 말하듯이 그렇게
하늘이 무서운 것이 아니라고 생각한다. 이럴 때 영등포를
떠나오는 기차가 한강철교를 건넌다. 시골 운송점과 정미소에서
내는 신년 괘력掛曆의 그림이 정말이 되는 때다.

"마포는 참 좋은 곳이여!" 뱃사람의 하나는 반드시 이렇게

---
03 거룻배처럼 노를 젓는 작은 배.
04 크게 쌓은 둑.
05 남자의 여름 홑바지.

• 필사 추천 문장

돛대의 흰 깃발이 말하듯이 그렇게 하늘이 무서운 것이 아니라고 생각한다.

감탄한다.

흰 수염 난 늙은이가 마상이에서 낚대를 드리우지 않는 날을 누가 보았나? 요단강의 영지靈智가 물 위에 차 있을 듯한 곳이다. 강상江上에 흐늑이는 나룻배를 보면 〈비파행琵琶行〉[06]의 애끊는 노래가 들리지 않나 할 곳이다.

뗏목이 먼저 강을 내려와서 강을 올라오는 배를 맞는 일이 많다. 배가 떠난 뒤에도 얼마를 지나서야 뗏목이 풀린다. 뗏목이 낯익은 배들을 보내고 나는 때에 개포의 작은 계집아이들이 빨래를 가지고 나와서 그 잔등에 올라앉는다. 기름 바른 머리 분칠한 얼굴이 예가 어덴가 하고 묻고 싶어할 것이 뗏목의 마음인지 모른다.

뱃지붕을 타고 먼산바라기를 하는 사람들은 저 산 그 너머 산 그 뒤로 보이는 하이얀 산만 넘으면 고향이 보인다고들 생각한다. 서울 가면 아무데 산이 보인다고 마을에서 말하고 떠나온 그들이 서울의 개포에 있는 탓이다.

배들은 낯선 개포에서 본本과 성명을 말하기를 싫어한다. 그들은 머리에다 커다랗게 붉은 글자로 백천百川, 해주海州, 아산牙山……

---

[06] 당나라의 시인 백거이가 지은 장편 시. 비파를 연주하는 여인의 슬픈 인생을 통해 시인의 감정을 표현한 작품이다.

• 필사 추천 문장

예가 어덴가 하고 묻고 싶어할 것이 뗏목의 마음인지 모른다.

이렇게 뻐젓한 본을 달고 금파환金波丸, 대양환大洋丸, 순풍환順風丸, 이렇게 아름답고 길상吉祥[07]한 이름을 써붙였다. 그들은 이 개포의 맑은 하늘 아래 뿔사납게 서서 흰 구름과 눈빨기[08]를 하는 전기공장의 시꺼먼 굴뚝이 미워서 이 강에 정을 못 들이겠다고 말없이 가버린다.

_《조광》 창간호(1935년 11월 1일).

---

07 아주 운이 좋거나 복되고 좋은 일이 있는.
08 '눈 흘기기'의 방언.

• 필사 추천 문장

시꺼먼 굴뚝이 미워서 이 강에 정을 못 들이겠다고 말없이 가버린다.

익숙한 고독,
익숙하지 않은 말들

이상

고립과 실험, 멈추지
않는 내면의 기록

이상은 불안한 말들을 적는다.

산문도 예외는 아니다.

문장은 삐걱거리고, 감정은 쉽게 정리되지 않는다.

그러나 그 안에는 타인의 언어가 아닌, 철저하게 '나'의 감각이 있다.

문장을 쓰다 보면

그 문장이 나를 밀어내기도 하고, 끝내 안으로 끌어들이기도 한다.

이상의 산문은 완성된 생각이 아니라,

생각이 만들어지는 순간의 기록이다.

낯선 말들이 내면을 두드릴지도 모른다.

그때, 그 문장을 놓치지 않는다.

산책의 가을
산보·가을·例

가을의 도시, 감각과 사유, 일상의 관찰을 특유의 실험적 문체로 보여주는 산책 기록.
이상은 백화점과 인쇄소, 청계천과 복숭아 향기까지 낯설게 뒤틀어, 계절과 존재의 균열을 드러낸다.

여인 유리장 속에 가만히 넣어 둔 간스메밀크[01], 그렇지 구멍을 뚫지 않으면 밀크는 안 나온다. 단홍백 혹은 녹緣, 이렇게 색색이 칠로 발라놓은 레테르의 아름다움 외에, 그리고 의외에도 묵직한 포옹의 즐거움밖에는 없는 법이니 여기 가을과 공허가 있다.
비 오는 백화점에 적寂! 사람이 없고 백화百貨가 내 그림자나 조용히 보존하고 있는 거리에 여인은 희붉은 종아리를 걷어 추켜 연분홍 스커트 밑에 야트막이 묵직이 흔들리는 곡선! 라디오는 점원 대표 서럽게 애수를 높이 노래하는 가을 스미는 거리에 세상 것 다 버려도 좋으니 단 하나 가지가지 과일보다 훨씬 맛남 직한 도색桃色

---
01 캔 우유를 가리키는 일본어.

• 필사 추천 문장

의외에도 묵직한 포옹의 즐거움밖에는 없는 법이니 여기 가을과 공허가 있다.

종아리 고것만은 참 내놓기가 아깝구나.

윈도 안의 석고石膏02—무사武士는 수염이 없고 비너스는 분 안 바른 살결을 찾을 길 없고 그리고 그 장황한 자세에 단념이 없는 윈도 안의 석고다.

소다의 맛은 가을이 섞여서 정맥주사靜脈注射처럼 차고, 유니폼 소녀들 허리에 번적번적하는 깨끗한 밴드, 물방울 낙수 지는 유니폼에 벌거벗은 팔목 피부는 포장지보다 정淨한 포장지고 그리고 유니폼은 피부보다 정한 피부다. 백화점 새 물건 포장—밴드를 끄나풀처럼 꾀어들고 바쁘게 걸어오는 상자 속에는 물건보다도 훨씬훨씬 호기심이 더 들었으리라.

여름은 갔는데 검둥 사진은 왜 허물이 안 벗나. 잘된 사진에 간즐간즐한 소녀 마음이 창백한 월광 아래서 감광지에 분 바르는 생각 많은 초저녁.

---

02 쇼윈도 안의 마네킹을 석고로 만든 '무사'와 '비너스'라고 표현함.

• 필사 추천 문장

 소다의 맛은 가을이 섞여서 정맥주사처럼 차고

과일가게는 문이 닫혔다. 유리창 안쪽에 과일 호흡이 어려서는 살짝 향훈香薰[03]에 복숭아— 비밀도 가렸으니 인제는 아무도 과일 사러 오지는 않으리라. 과일은 마음껏 굴려보아도 좋고 덜 익은 수박 같은 주인 머리에 부딪쳐보아도 좋건만 과일은 연연然然[04]! 복숭아의 향훈에, 복숭아의 향훈에 복숭아에 바나나에—.

인쇄소 속은 죄 좌左[05]다. 직공들 얼굴은 모두 거울 속에 있었다. 밥 먹을 때도 일일이 왼손이다. 아마 또 내 눈이 왼손잡이였는지 모르지만 나는 쉽사리 왼손으로 직공과 악수하였다. 나는 교묘하게 좌된 지식으로 직공과 회화하였다. 그들 휴게와 대좌하여—. 그런데 웬일인지 그들의 서술은 우右다. 나는 이 방대한 좌와 우의 교차에서 속 거북하게 졸도할 것 같길래 그냥 문밖으로 뛰어나갔더니 과연 한 발자국 지났을 적에 직공은 일제히 우로 돌아갔다. 그들이 한인閑人[06]과 대화하는 것은 꼭 직장 밖에 있는 조건인 것을 알 수 있었다.

---

03 향기로운 냄새. 은은하게 퍼지는 좋은 향기.
04 그대로 있음. 변함없는 상태.
05 인쇄소의 활자에 새겨진 글자 모양이 거꾸로 있는 것을 두고 비유적으로 표현한 말.
06 한가하고 일이 없는 사람.

• 필사 추천 문장

인쇄소 속은 죄 좌다. 직공들 얼굴은 모두 거울 속에 있었다.

청계천 헤벌어진 수채 속으로 비행기에서 광고 삐라, 향국鄉國의 동해童孩[07]는 거진 삐라같이 삐라를 주우려고 떼지었다 헤어졌다 지저분하게 흩날린다. 마꾸닝[08] 회충 구제 그러나 한 동해도 그것을 읽을 줄 모른다. 향국의 동해는 죄다 회충이다. 그래서 겨우 수챗구멍에서 노느라고 배 아픈 것을 잊어버린다. 동해의 양친은 쓰레기라서 너희 동해를 내다 버렸는지는 모르지만 빼빼 마른 송사리처럼 통제 없이 왱왱거리며 잘도 논다.

롤러스케이트장의 요란한 풍경, 라디오 효과처럼 이것은 또 계절의 웬 계절 위조일까. 월색이 푸르니 그것은 흡사 교외의 음향! 그런데 롤러스케이트장은 겨울— 이 땀 흘리는 겨울 앞에 서서 찌꺼기 여름은 소름 끼치며 땀 흘린다. 어떻게 저렇게 겨울인 체 잘도 하는 복사빙판 위에 너희 인간들도 결국 알고 보면 인간모형인지 누가 아느냐.

_《신동아》 1934년 10월호.

---

07 나이가 적은 아이. 어린아이.
08 회충약 상품명 Macnin. 삐라로 뿌려진 구충제 광고.

• 필사 추천 문장

너희 인간들도 결국 알고 보면 인간모형인지 누가 아느냐.

행복

자살을 기도한 연인과의 극적인 밤을 배경으로, 사랑과 죽음, 복수와 환멸이 뒤얽힌 환상의 내면극이 전개된다. 과장된 서사와 반어, 고백체 문장을 통해 실험적 문체와 병리적 감성이 극단까지 치닫는다.

달이 천심天心[01]에 왔으니 이만하면 족하다. 물[潮]은 아직 좀 덜 들어온 것 같다. 축인 모래와 마른 모래의 경계선이 월광 아래 멀리 아득하다. 찰락찰락— 한 여남은 미터는 되나 보다. 단애 바위 위에 우리 둘은 걸터앉아 그 한순간을 기다리고 있다.

"자, 인제 일어나요."

마흔아홉 개 꽁초가 내 앞에 무슨 푸성귀 싹처럼 해져 있다. 나머지 담배가 한 대 탄다. 요것이 다 타는 동안에 내가 최후의 결심을 할 수 있어야 한단다.

"자, 어서 일어나요."

---

01 하늘의 한가운데.

• 필사 추천 문장

마흔아홉 개 꽁초가 내 앞에 무슨 푸성귀 싹처럼 해져 있다.

선仙이도 일어났고 인제는 정말 기다리던 그 순간이라는 것이 닥쳐왔나 보다. 나는 선이 머리를 걷어 치켜주면서,

"겁이 나나?"

"아—뇨."

"좀 춥지?"

"어떤가요?"

입술이 뜨겁다. 쉰 개째 담배가 다 탄 까닭이다. 인제는 아무리 하여도 피할 도리가 없다.

"자, 그럼 꼭 붙들어요."

"꼭 붙드세요."

행복의 절정을 그냥 육안으로 넘긴다는 것이 내게는 공포였다. 이 순간 이후 내 몸을 이 지상에 살려둘 수 없다. 그렇다고 선이를 두고 가는 수도 없다.

그러나—

뜻밖에도 파도가 높았다. 이런 파도 속에서도 우리 둘은 떨어지지 않았다. 떨어지지 않고 어느 만큼이나 우리는 떠돌아다녔던지 드디어 피로가 왔다—.

죽기 전.

• 필사 추천 문장

행복의 절정을 그냥 육안으로 넘긴다는 것이 내게는 공포였다.

이렇게 해서 죽나 보다. 우선, 선이 팔이 내 목에서부터,

풀려나갔다. 동시에 내 팔은 선이 허리를 놓쳤다. 그 순간 물 먹은

내 귀가 들은 선이 단말마의 부르짖음.

"XX씨!"

이것은 과연 내 이름은 아니다.

나는 순간 그 파도 속에서도 정신이 번쩍 났다. 오냐 그렇다면—

나는 죽어서는 안 된다.

나는 마지막 힘을 내어 뒷발을 한번 탕 굴러보았다. 몸이

소스라친다. 목이 수면 밖으로 나왔을 때 아까 둘이 앉았던 바위가

눈앞에 보였다. 파도는 밀물이라 해안을 향해 친다. 그래 얼마

안 가서 나는 바위 위로 기어오를 수 있었다. 나는 그냥 뒤도 안

돌아보고 걸어가 버리려다 문득

'선이를 살려야 하느니라.'

하는 악마의 묵시를 받지 않을 수 없었다. 월광에 오르내리는 검은

한 점, 내가 척 늘어진 선이를 안아 올렸을 때 선이 몸은 아직

따뜻하였다.

오 호 너로구나.

너는 네 평생을 두고 내 형상 없는 형벌 속에서 불행하리라. 해서

우리 둘은 결혼하였던 것이다.

• 필사 추천 문장

너는 네 평생을 두고 내 형상 없는 형벌 속에서 불행하리라.

규방에서 나는 신부에게, 행형行刑하였다. 어떻게?

가지가지 행복의 길을 가지가지 교재를 가지고 가르쳤다. 물론 내 포옹의 다정한 맛도.

그러나 선이가 한번 미엽媚靨02을 보이려 드는 순간 나는 영상嶺上의 고목처럼 냉담하곤 하곤 하는 것이다. 규방에는 늘 추풍이 소조히 불었다.

나는 이런 과로 때문에 무척 야윗다. 그러면서도 내, 눈이 충혈한 채 무엇인가를 찾는다. 나는 가끔 내게 물어본다.

'너는 무엇을 원하느냐? 복수? 천천히 천천히 하여라. 네 운명하는 날에야 끝날 일이니까.'

'아니야! 나는 지금 나만을 사랑할 동정童貞을 찾고 있지. 한 남자 혹 두 남자를 사랑한 일이 있는 여자를 나는 사랑할 수 없어. 왜? 그럼 나더러 먹다 남은 형해形骸03에 만족하란 말이람?'

'허— 너는 잊었구나? 네 복수가 필畢하는 것이 네 낙명落命의 날이라는 것을. 네 일생은 이미 네가 부활하던 순간부터 제단 위에 올려놓여 있는 것을 어쩌누?'

---
02 아름다운 보조개. 아양. 교태.
03 형체만 남은 껍데기.

• 필사 추천 문장

복수? 천천히 천천히 하여라. 네 운명하는 날에야 끝날 일이니까.

그만해도 석 달이 지났다. 형리刑吏의 심경에도 권태가 왔다.

'싫다. 귀찮아졌다. 나는 한 번만 평민으로 살아보고 싶구나. 내게 정말 애인을 다오.'

마호메트 것은 마호메트에게로 돌려 보내야 할 것이다. 일생을 희생하겠다던 장도壯圖를 나는 석 달 동안에 이렇게 탕진하고 말았다.

"당신처럼 사랑한 일은 없습니다"라든가, "당신만을 사랑하겠습니다"라든가 하는 그 여자의 말은 첫사랑 이외의 어떤 남자에게 있어서도 '인사' 정도에 지나지 않는다는 것을 잊어서는 안 된다.

"내 만났지."

"누구를요?"

"XX."

"네―. 그래 결혼했대요?"

그것이 이렇게까지 선이에게는 몹시 걱정이 된다. 될 것이다. 나는 사실

"아―니 혼자던데, 여관에 있다던데."

"그럼 결혼 아직 안 했군그래. 왜 안 했을까?"

슬픈 선이의 독백이여!

• 필사 추천 문장

싫다. 귀찮아졌다. 내게 정말 애인을 다오.

"추물이야, 살이 띵띵 찐 게."

"네? 거 그렇게까지 조소하려 들진 마세요. 그래두 당신네들(? 이 '들' 자야말로 선이 천려千慮의 일실04이다)버덤은 얼마나 인간미가 있는데 그래요. 그저 좀 인간이 부족하다뿐이지."

나는 거기서 더 입이 떨어지지 않았다. 그만 후회도, 났다.

물론 선이는 내 선이가 아니다. 아닐 뿐만 아니라 XX를 사랑하고 그다음 X를 사랑하고 그다음…….
그다음에 지금 나를 사랑한다,는 체하여 보고 있는 모양 같다.
그런데 나는 선이만을 사랑한다. 그러니까 우리는—
어떻게 해야만 좋을까까지 발전한 환술幻術이 뚝 천장을 새어
떨어지는 물 한 방울에 와르르 무너져 버렸다. 창밖에서는
빗소리가 내 나태를 이러니저러니 하고 시비하는 것 같은 벌써
새벽이다.

_《여성》1936년 10월호.

---
04 신중한 사람도 한 번쯤은 실수할 수 있다는 말.

• 필사 추천 문장

나는 거기서 더 입이 떨어지지 않았다. 그만 후회도, 났다.

혈서삼태 血書三態

세 통의 혈서를 중심으로 얽힌 인간관계, 애욕, 기만의 기억을 파편적으로 엮은 산문.
이상 특유의 냉소와 병적 감수성이 격렬한 자기 고백과 문학적 연출 사이를 오가며 드러난다.

오스카 와일드

내가 불러주고 싶은 이름이 '욱㎜'은 아니다. 그러나 그 이름을
욱이라고 불러두자. 1930년만 하여도 욱이 제 여형단발女形斷髮[01]과
같이 한없이 순진하였고 또 욱이 예술의 길에 정진하는 태도,
열정도 역시 순진하였다. 그해에 나는 하마터면 죽을 뻔한 중병에
누웠을 때 욱은 나에게 주는 형언하기 어려운 애정으로 하여
쓸쓸한 동경 생활에서 몇 개월이 못 되어 하루에도 두 장 석
장의 엽서를 마치 결혼식장에서 화동이 꽃 이파리를 걸어가면서
흘뜨리는 가련함으로 나에게 날려주며 연락선 갑판상에서

---
01 여자처럼 짧게 자른 머리. 1930년대 당시 근대적인 외모나 감수성을 상징하는 표현이다.

• 필사 추천 문장

결혼식장에서 화동이 꽃 이파리를 걸어가면서 흩뜨리는 가련함으로 흥분하였느니라.

그러나 욱은 나의 병실에 나타나기 전에 그 고향 군산에서 족부足部에 꽤 위험한 절개수술을 받고 그 또한 고적한 병실에서 그 몰락하여 가는 가정을 생각하며 그의 병세를 근심하며 끊이지 않고 그 화변花瓣02 같은 엽서를 나에게 주었다.

네가 족부의 완치를 얻기도 전에 너는 너의 풀죽은 아버지를 위하여 마음에 없는 심부름을 하였으며 최후의 추수를 수위守衛하면서 고苦로운 격난도 많이 하였고 그것들 기억이 오늘 네가 그때 나에게 준 엽서를 끄집어내어 볼 것까지도 없이 나에게는 새롭다. 그러나 그 추우비비秋雨霏霏03거리는 몇 날의 생활이 나에게서부터 그 플라토닉한 애정을 어느 다른 한군데에다 옮기게 된 첫 원인이었는가 한다.

욱은 그 후 머지않아 손바닥을 툭툭 털 듯이 가벼운 몸으로 화구畵具의 잔해를 짊어지고 다시 나의 가난한 살림 속으로 또 나의 애정 속으로 기어들어 오는 것같이 하면서 섞여 들어왔다. 우리는 그 협착한 단칸방 안에 백 호나 훨씬 넘는 캔버스를 버티어 놓고 마음 가는 데까지 자유로이 분방하게 창작생활을 하였으며

---
02 꽃잎.
03 가을비가 부슬부슬 내리는 모양.

• 필사 추천 문장

플라토닉한 애정을 어느 다른 한군데에다 옮기게 된 첫 원인이었는가 한다.

혼연한 영靈의 포옹 가운데에 오히려 서로를 잇는 몰아의 경지에
놀 수 있었느니라.
그러나 욱 너도 역시 그부터 올라오는 불같은 열정을 능히
단편단편으로 토막쳐 놓을 수 있는 냉담한 일면을 가진 영리한
서생書生이었다.

관능 위조

생활에 면허가 없는 욱의 눈에 매춘부와 성모의 구별은
어려웠다. 나는 그때 창작도 아니요 수필도 아닌 〈목로의
마리아〉라는 글을 퍽 길게 써보던 중이요, 또 그중에
서경적敍景的인 것의 몇 장을 욱에게 보낸 일도 있었다. 항간에서
늘 목도하는 '언쟁하는 마리아 군상'보다도 훨씬 청초하여
가장 대리석에 가까운 마리아를 마포강변 목로술집에서 찾았다는
이야기다. 이 〈목로의 마리아〉 수장數章이 욱에게 그 풍전등화 같은
비밀을 이야기하여도 좋은 이유와 용기와 안심을 주었던지 그는
밤이 으슥하도록 나를 함부로 길거리로 끌고 다니면서 그 길고도
사정 많은 이야기를 나에게 들려주었다. 그것은 너무도 끔찍하여서
나에게 발광發狂의 종이 한 장 거리에 접근할 수 있게 한 그런
이야기인데 요컨대 욱의 동정이 천생 매춘부에게

• 필사 추천 문장

가장 대리석에 가까운 마리아를 마포강변 목로술집에서 찾았다는 이야기다.

헌상되고 말았다는 해피엔드, 집에 돌아와서 우표딱지만 한 사진
한 장과 삼팔수건三八手巾[04]에 적힌 혈서 하나와 싹독 잘린 머리카락
한 다발을 신중한 태도로 나에게 보여주었다.

사진은 너무 작고 희미하고 하얘서 그 인상을 재현시키기도 어려운
것이었고 머리는 흡사 연극할 때 쓰는 채플린의 수염보다는 조금
클까 말까 한 것이었고 그러나 혈서만은 썩 미술적으로 된 것인데
욱의 예술적 천분이 충분히 나타났다고 볼 만한 가위 걸작의
부류에 들어갈 수 있었다. 물론 그것은 그 매춘부 씨의 작품은
아니고 욱 자신의 자작자장自作自藏[05]인 것이었다. 삼팔 행커치프
한복판에다가 선명한 예서로 '罪(죄)' 이렇게 한 자를 썼을 따름
물론 낙관도 없었다.

이것이 내가 이 세상에 탄생하여서 참 처음으로 목도한 혈서였고
그런 후로 나의 욱에 대한 순정적 우애도 어느덧 가장 문학적인
태도로 조금씩 변하여 갔다. 다섯 해 세월이 지나간 오늘 엊그제께
하마터면 나를 배반하려 들던 너를 나는 오히려 다시 그리던 날의
순정에 가까운 우정으로 사랑하고 있다. 그만큼 너의 현재의
환경은 너로 하여금 너의 결백함과 너의 무고함을 여실히 나에게

---
04 중국에서 수입된 명주인 '삼팔주'로 만든 수건.
05 스스로 짓고 스스로 감춤.

• 필사 추천 문장

삼팔 행커치프 한복판에다가 선명한 '罪(죄)' 이렇게 한 자를 썼을 따름

이야기하여 주고 있는 까닭이다.

하이드 씨

내가 부를 이름은 물론 소하小霞는 아니올시다. 그러나 소하라고
부른들 어떻겠습니까? 소하! 운명에 대하여 마조히스트들에게
성욕이란 무엇이겠습니까? 성욕! 성욕은 그럼 농담입니까?
성욕에게 정말 스토리가 없습니까? 태고에는 정말 인류가
장수하였겠습니까?

소하! 나에게는 내가 예술의 길을 걷는 데 소위 후견인이 너무
없었습니다. 그래서 내가 일찍이 사디즘을 알았을 적에 벌써
성욕을 병발적竝發的으로 알았습니다. 이 신성한 파편이요
대타對他에[06] 실례적인 자존심을 억제할 만한 아무런 후견인의
감시가 전연 없었습니다.

매춘부에 대한 사사로운 사상, 그것은 생활에서 얻는 노련에
편달되어 가며 몹시 잠행적으로 진화하여 가는 것이었습니다.
그러기에 영화로 된 스티븐슨의 〈지킬 박사와 하이드 씨〉 1편이
그 가장 수단적인 데 그칠 예술적 향기 수준이 퍽 낮은 것이라고

---

06 타인에 대한. 남을 의식한.

• 필사 추천 문장

나에게는 내가 예술의 길을 걷는 데 소위 후견인이 너무 없었습니다.

해서 차마 '옳다, 가하다' 소리를 입 밖에 못 내어놓는 것이
아니겠습니까? 사실 소하의 경우를 말하지 않고 나는 가장 적은
'지킬 박사'와 훨씬 많은 '하이드 씨'를 소유하고 있다고 고백하고
싶습니다. 나는 물론 소하의 경우에서도 상당한 '지킬 박사'와
상당한 '하이드'를 보기는 봅니다만 그러나 소하가 퍽 보편적인
열정을 얼른 단편으로 사사오입식 종결을 지어버릴 수 있는 능한
수완이 있는데 반대로 나에게는 윤돈倫敦[07] 시가에 끝없이 계속되는
안개와 같이 거기조차 콤마나 피어리드를 찍을 재주가 없습니다.
일상생활의 중압이 나에게 교양의 도태를 부득이하게 하고 있으니
또한 부득이 나의 빈약한 이중성격을 '지킬 박사'와 '하이드 씨'에서
'하이드 씨'와 '하이드 씨'로 이렇게 진화시키고 있습니다.

악령의 감상

발광에서 종이 한 장 거리에 접근할 수 있는 기회를 어린애
같은 의지밖에 소유하지 못한 나는 퍽 싫어합니다. 그러나 거기
혹사酷似[08]한 농담을 즐겨합니다. 이것은 소하! 자속自贖[09]인가요?

---
07 런던(London)의 한자 음역.
08 아주 비슷함.
09 스스로 속죄함. 자기 죄나 결핍을 자신이 감당하려는 태도.

• 필사 추천 문장

나는 가장 적은 '지킬 박사'와 훨씬 많은 '하이드 씨'를 소유하고 있다고 고백하고 싶습니다.

의미의 연장이 조금도 없는 단순하고도 정직한 농담·성욕!
외국인의 친절을 생리적으로 조금 더 즐거워하는 나는
매춘부에게서 국제적인 친절과 호의를 느낍니다. 소하! 소하도
그런 간단한 농담과 외교는 즐기십디다그려.
교양은 우리들에게 여분의 상식을 부여하였습니다. 그래서
그 3인의 매춘부의 손에 묻은 붉은 잉크에 대하여서 너무
무관심하였습니다. 나중에 붉은 잉크가 혈액의 색상과 흡사한가
아닌가를 시험한 것인 줄 알았을 때 폭소를 금치 못하는
가운데에도 그들의 그런 상식과 우리의 이런 상식과는 영원히
교섭이 있을 수 없다는 것을 깨달으면서 요사이 더욱이 이렇게
나와 훨씬 다른 세계에 사는 사람의 심리에 예술적 관심을 퍽
가지게 된 나로서 절망적인 한심을 느꼈습니다.
물론 붉은 잉크와 피와는 근사하지도 않은 것이니까 그네들도
대개는 그 혈서가 붉은 잉크는 아닌 무슨 가장 피에 가까운
-위조라고 치고 보아도- 재료로 써진 것이라는 것은 깨달았을
것인데도 핏빛 나는 잉크가 있느냐는 둥 다른 짐승, 예를 들면
쥐나 닭이나 그런 것들의 피도 사람 피와 빛깔이 같으냐는 둥
그때 내 마음은 하여튼 소하의 마음은 어떠하셨습니까? 자, 이것
좀 보세요, 하고 급기야 집어내어 온 것이 봉투 속에 든 한 장

• 필사 추천 문장

교양은 우리들에게 여분의 상식을 부여하였습니다.

백지. 우리들이 감정하기도 전에 역시 그네들은 의논이 분분하지 않습디까? 그 혈서는 과연 퍽 문학적인 것으로 천결闡潔 명확, 실로 점 하나 찍을 여유가 없는 완전한 걸작이라고 나는 보았습니다. 왈, "사랑하는 장귀남 씨 / 나의 타는 열정을 / 당신에게 바치노라 / 계유 세정월[10] 모일."
나는 그때 우리들의 농담이 얼마나 봉욕逢辱을 당하고 있는가를 느꼈습니다.

소하! 소하는 그때 퍽 신사적인 겸손을 보이십디다마는 소하의 입맛이 쓴 것쯤은 나도 알 수 있습디다. 하여간 이 '앨리스' 나라[11] 같은 불가사의한 나라에 제출된 외교 문서에 우리들이 가지고 있는 법률을 적용하려고 하는 것은 도로요 무효일 줄 압니다. 그네들은 입을 모아 그 이튿날 그 발신인이 살고 있고 또 경영하고 있는 점포에 왕림하시겠다는 결의를 하고 있는 것을 보았는데 좀 나도 따라가서 그 천재의 얼굴을 좀 싫토록 보고 오고 싶었습니다. 그런데 그 천재는— 그중의 한 분이 그것이 확실히 사람의 피라는 감정을 받은 다음 별안간 막 술을 퍼붓듯이 마시는 것을 나는

---

10 1933년 음력 정월.
11 루이스 캐럴의 대표작인 《이상한 나라의 앨리스》의 배경을 말함.

• 필사 추천 문장

혈서는 실로 점 하나 찍을 여유가 없는 완전한 걸작이라고 나는 보았습니다.

말릴까 말까 하고 있다가 흐지부지 그만두었습니다만— 나이
마흔가량이나 되는 어른이시라고 그러지 않습디까?
우리들의 예술적 실력은, -표현 정도는- 수박 겉핥기 정도밖에
아니 되나 보더이다. 나는 거리로 쫓겨 나와서 엉엉 울고 싶은 것을
참 억지로 참았습니다.

혈서기삼血書其三
이것이 내가 평생에 세 번째 구경한 혈서인데 나는 이런 또
익살맞은 요절할 혈서는 일찍이 이야기도 못 들어보았다. W카페
주인이 "글쎄, 이것 좀 보세요" 하고 보여주면서 하는 말이,
그 한강에 가 빠져 자살한 여급이 자기 아내(첩)인데 마음이
양처럼 순하고 부처님처럼 착하고 또 불쌍하고 또 자기를
다시없이 사랑하였고 한데 자동차 운전수 하나가 뛰어 들어와
살살 꾀이다가 말을 잘 안 들으니까 이따위 위조 혈서를 보내서
좀 놀라게 한다는 것이 그만 마음이 약한 Y자子가 보고 너무
지나치게 놀라서 그가 정말 죽는다는 줄 알고 그만 겁결에 저렇게
제가 먼저 죽어버렸으니 생사람만 하나 잡고 그는 여전히 뻔뻔히
살아서 자동차를 뿡뿡거리고 다니니 이런 원통하고 분할 데가
또 있습니까? 그러면서 글쎄 이게 무슨 혈섭니까, 하고 하얀

• 필사 추천 문장

나는 거리로 쫓겨 나와서 엉엉 울고 싶은 것을 참 억지로 참았습니다.

봉투 속에서 꺼내는 부기지簿記紙[12]든가 무지無地[13]든가 편지 한 장을 끄집어내어 보여준다. 펜으로 잘디잘게 만리장서 삐뚤삐뚤 시비곡직이 썩 장관이었다.

나는 첫머리 두어 줄 읽어 내려가다가 욕지거리가 나서 그만두고 대체 피가 어디 있느냐고, 이것은 펜글씨지 어디 혈서냐고 그랬더니 이게 즉 혈서라는, 즉 피를 내었다는 증거란 말이지요, 하며 저 끄트머리 찍혀 있는 서너 방울 떨어져 있는 지문 묻은 핏자국을 가리킨다. 코피가 났는지, 코피치고도 너무 분량이 적고 빈대 지나가는 것을 아마 터뜨려 죽인 모양인지 정체 자못 불명이다. 그런데 그 장말章末에 왈曰, 혈서가 당신에게 배달되는 때는 나는 벌써 이 세상 사람이 아니고 낙원에 가 있을 것이라고— 요컨대 낙원회관에 애인이 대신 하나 생겼단 말인지도 모를 일이다.

그런데 Y자는 죽었다. 정말 그 편지가 배달되자 죽었다. 그래 이 편지 한 장이 ○○코— 사람 하나를 죽일 수가 있을까? 정말 이 편지에 무섭고 겁이 나고 깜짝 놀라서 죽었을까? 나는 또 다른 ○○코들에게서—

두 사람은 정사情死를 약속하고 자동차로 한강 인도교 건너까지

---
12 장부 정리할 때 쓰는 종이.
13 아무 무늬나 줄도 없는 종이.

• 필사 추천 문장

혈서가 당신에게 배달되는 때는 나는 벌써 이 세상 사람이 아니고 낙원에 가 있을 것

나갔다. 자동차는 도로 돌아갔다. 인도교를 걸어오며 두 사람은 사死의 법열[14]을 마음껏 느꼈겠지. 마지막으로 거행되는 달콤한 눈물의 키스. Y자는 먼저 신발을 벗고 스프링오버[15]를 벗고 정말 물로 뛰어들었다. 그 무시무시한 낙하, 그 끔찍끔찍한 물결 깨어지는 소리, 죽음이라는 것은 무섭다. 무섭다. 그 번개 같은 공포가 순간 그 남자의 머리에 스치며 그로 하여금 Y자의 뒤를 따라 떨어지는 용기를 막았다. 반쪽만 남은 것 같은 어떤 남자 한 사람이 구두와 외투를 파출소에 계출屆出하였다. 그 사람은 이 무서운 농담을 소消하려고 자기적自棄的으로 자동차에 속력을 놓는다.

그도 그럴 것이지 W카페 주인은 Y자의 동생 ○○학교 재학하는 근면한 소년학도에게 참 아름다운 마음으로 학자學資를 지출하여 주고 있다 한다.

_《신여성》 1934년 6월호.

---

14 황홀한 기쁨.
15 spring overcoat. 봄에 입는 코트.

• 필사 추천 문장

죽음이라는 것은 무섭다. 무섭다.

권태

지독한 여름날 벽촌의 풍경 속에서 절망에 가까운 권태와 나태를 끝없이 반추하는 산문.
인간과 동물, 자연의 무기력한 일상을 병치하며 자의식 과잉의 현대인을 냉소적으로 해부한다.

1

어서―차라리―어둬 버리기나 했으면 좋겠는데― 벽촌僻村의 여름날은 지리해서 죽겠을 만치 길다.

동에 팔봉산八峰山. 곡선은 왜 저리도 굴곡이 없이 단조로운고?

서를 보아도 벌판, 남을 보아도 벌판, 북을 보아도 벌판, 아―

이 벌판은 어쩌자고 이렇게 한이 없이 늘어놓였을꼬? 어쩌자고 저렇게까지 똑같이 초록색 하나로 되어먹었노?

농가가 가운데 길 하나를 두고 좌우로 한 10여 호씩 있다.

휘청거린 소나무 기둥 흙을 주물러 바른 벽 강낭대[01]로 둘러싼

---

01 옥수숫대. '강낭'은 옥수수의 방언.

• 필사 추천 문장

벽촌의 여름날은 지리해서 죽겠을 만치 길다.

울타리, 울타리를 덮은 호박 넝쿨 모두가 그게 그것같이 똑같나. 어제 보던 댑싸리나무, 오늘도 보는 김 서방, 내일도 보아야 할 신둥이[02] 검둥이.

해는 100도 가까운 별을 지붕에도 벌판에도 뽕나무에도 암탉 꼬랑지에도 내려쪼인다. 아침이나 저녁이나 뜨거워서 견딜 수가 없는 염서炎暑 계속이다.

나는 아침을 먹었다. 할 일이 없다. 그러나 무작정 널따란 백지 같은 '오늘'이라는 것이 내 앞에 펼쳐져 있으면서 무슨 기사라도 좋으니 강요한다. 나는 무엇이고 하지 않으면 안 된다. 무엇을 해야 할 것인가. 연구해야 된다. 그럼— 나는 최 서방네 집 사랑 툇마루로 장기나 두러 갈까, 그것 좋다.

최 서방은 들에 나갔다. 최 서방네 사랑에는 아무도 없나 보다. 최 서방의 조카가 낮잠을 잔다. 아하— 내가 아침을 먹은 것은 열 시나 지난 후니까 최 서방의 조카로서는 낮잠 잘 시간에 틀림없다. 나는 최 서방의 조카를 깨워가지고 장기를 한판 벌이기로 한다. 최 서방의 조카와 열 번 두면 열 번 내가 이긴다. 최 서방의 조카로서는 그러니까 나와 장기 둔다는 것 그것부터가 권태다.

―
02 털이 흰 개.

• 필사 추천 문장

아침이나 저녁이나 뜨거워서 견딜 수가 없는 염서 계속이다.

밤낮 두어야 마찬가질 바에는 안 두는 것이 차라리 나았지—.

그러나 안 두면 또 무엇을 하나? 둘 수밖에 없다.

지는 것도 권태거늘 이기는 것이 어찌 권태 아닐 수 있으랴? 열 번 두어서 열 번 내리 이기는 장난이란 열 번 지는 이상으로 싱거운 장난이다. 나는 참 싱거워서 견딜 수 없다.

한 번쯤 져주리라. 나는 한참 생각하는 체하다가 슬그머니 위험한 자리에 장기 조각을 갖다 놓는다. 최 서방의 조카는 하품을 쑥 한 번 하더니 이윽고 둔다는 것이 딴전이다. 으레 질 것이니까 골치 아프게 수를 보고 어쩌고 하기도 싫다는 사상思想이리라. 아무렇게나 생각나는 대로 장기를 갖다 놓고는 그저 얼른얼른 끝을 내어 져줄 만큼 져주면 이 상승장군常勝將軍03은 이 압도적 권태를 이기지 못해 제출물에04 가버리겠지 하는 사상이리라. 가고 나면 또 낮잠이나 잘 작정이리다.

나는 부득이 또 이긴다. 인제 그만 두잔다. 물론 그만 두는 수밖에 없다.

일부러 져준다는 것조차가 어려운 일이다. 나는 왜 저 최 서방의 조카처럼 아주 영영 방심放心 상태가 되어버릴 수가 없나?

---
03 항상 이기기만 하는 장군.
04 저 혼자서 절로.

• 필사 추천 문장

지는 것도 권태거늘 이기는 것이 어찌 권태 아닐 수 있으랴?

이 질식할 것 같은 권태 속에서도 사세細한 승부에 구속을 받나?
아주 바보가 되는 수는 없나?

내게 남아 있는 이 치사스러운 인간 이욕利慾이 다시없이 밉다. 나는
이 마지막 것을 면해야 한다. 권태를 인식하는 신경마저 버리고
완전히 허탈해 버려야 한다.

2

나는 개울가로 간다. 가물로 하여 너무나 빈약한 물이 소리 없이
흐른다. 뼈처럼 앙상한 물줄기가 왜 소리를 치지 않나?
너무 더웁다. 나뭇잎들이 다 축 늘어져서 허덕허덕하도록 더웁다.
이렇게 더우니 시냇물인들 서늘한 소리를 내어보는 재간도
없으리다.
나는 그 물가에 앉는다. 앉아서 자— 무슨 제목으로 나는
사색해야 할 것인가 생각해 본다. 그러나 물론 아무런 제목도
떠오르지는 않는다.
그렇다면 아무것도 생각 말기로 하자. 그저 한량없이 넓은 초록색
벌판, 지평선, 아무리 변화하여 보았댔자 결국 치열稚劣한 곡예의
역域을 벗어나지 않는 구름, 이런 것을 건너다 본다.
지구 표면적의 백분의 구십구가 이 공포의 초록색이리라. 그렇다면

• 필사 추천 문장

내게 남아 있는 이 치사스러운 인간 이욕이 다시없이 밉다.

지구야말로 너무나 단조무미한 채색이다. 도회에는 초록이 드물다. 나는 처음 여기 표착漂着하였을[05] 때 이 신선한 초록빛에 놀랐고 사랑하였다. 그러나 닷새가 못 되어서 이 일망무제一望無際[06]의 초록색은 조물주의 몰취미와 신경의 조잡성으로 말미암은 무미건조한 지구의 여백인 것을 발견하고 다시금 놀라지 않을 수 없었다.

어쩔 작정으로 저렇게 퍼러냐. 하루 온종일 저 푸른빛은 아무 짓도 하지 않는다. 오직 그 푸른 것에 백치와 같이 만족하면서 푸른 채로 있다.

이윽고 밤이 오면 또 거대한 구렁이처럼 빛을 잃어버리고 소리도 없이 잔다. 이 무슨 거대한 겸손이냐.

이윽고 겨울이 오면 초록은 실색失色한다. 그러나 그것은 남루襤褸를 갈기갈기 찢은 것과 다름없는 추악한 색채로 변하는 것이다.

한겨울을 두고 이 황막하고 추악한 벌판을 바라보고 지내면서 그래도 자살 민절悶絕하지[07] 않는 농민들은 불쌍하기도 하려니와 거대한 천치다.

---

05 정처 없이 떠돌아다니다가 일정한 곳에 정착하였음.
06 끝없이 멀리까지 보이는 벌판.
07 자취나 흔적이 아주 없어지지.

• 필사 추천 문장

나는 처음 여기 표착하였을 때 이 신선한 초록빛에 놀랐고 사랑하였다.

그들의 일생이 또한 이 벌판처럼 단조한 권태 일색으로 도포된 것이리라. 일할 때는 초록 벌판처럼 더워서 숨이 콱콱 막히게 싱거울 것이요, 일하지 않을 때는 겨울 황원처럼 거칠고 구주레하게 싱거울 것이다.

그들에게는 흥분이 없다. 벌판에 벼락이 떨어져도 그것은 뇌성 끝에 가끔 있는 다반사에 지나지 않는다. 촌동村童이 범에게 물려가도 그것은 맹수가 사는 산촌에 가끔 있는 신벌神罰에 지나지 않는다. 실로 전신주 하나 없는 벌판에서 그들이 무엇을 대상으로 흥분할 수 있으랴.

팔봉산 등을 넘어 철골 전선주가 늘어섰다. 그러나 그 동선銅線은 이 촌락에 엽서 한 장을 내려뜨리지 않고 섰는 채다. 동선으로는 전류도 통하리라. 그러나 그들의 방이 아직도 송명松明[08]으로 어둠침침한 이상, 그 전선주들은 이 마을 동구에 늘어선 포플러 나무와 조곰도 다를 것이 없다.

그들에게 희망은 있던가? 가을에 곡식이 익으리라. 그러나 그것이 희망은 아니다. 본능이다.

내일. 내일도 오늘 하던 계속의 일을 해야지. 이 끝없는 권태의

---
08 솔가지로 만든 횃불.

• 필사 추천 문장

이 끝없는 권태의 내일은 왜 이렇게 끝없이 있나?

내일은 왜 이렇게 끝없이 있나? 그러나 그들은 그런 것을 생각할 줄 모른다. 간혹 그런 의혹이 전광과 같이 그들의 흉리胸裏를 스치는 일이 있어도 다음 순간 하루의 노역으로 말미암아 잠이 오고 만다. 그러니 농민은 참 불행하도다. 그럼— 이 흉악한 권태를 자각할 줄 아는 나는 얼마나 행복된가.

3
댑싸리나무도 축 늘어졌다. 물은 흐르면서 가끔 웅덩이를 만나면 썩는다.
내가 앉아 있는 데는 그런 웅덩이가 있다. 내 앞에서 물은 조용히 썩는다.
낮닭 우는 소리가 무던히 한가롭다. 어제도 울던 낮닭이 오늘도 또 울었다는 외에 아무 흥미도 없다. 들어도 그만 안 들어도 그만이다. 다만 우연히 귀에 들려왔으니까 그저 들었달 뿐이다.
닭은 그래도 새벽, 낮으로 울기나 한다. 그러나 이 동리의 개들은 짖지를 않는다. 그러면 모두 벙어리 개들인가, 아니다. 그 증거로는 이 동리 사람 아닌 내가 돌팔매질을 하면서 위협하면 십 리나 달아나면서 나를 돌아다보고 짖는다.
그렇건만 내가 아무 그런 위험한 짓을 하지 않고 지나가면 천 리나

• 필사 추천 문장

그럼— 이 흉악한 권태를 자각할 줄 아는 나는 얼마나 행복된가.

먼 데서 온 외인旅人, 더구나 안면이 이처럼 창백하고 봉발蓬髮이 작소鵲巢[09]를 이룬 기이한 풍모를 쳐다보면서도 짖지 않는다. 참 이상하다. 어째서 여기 개들은 나를 보고 짖지를 않을까? 세상에 희귀한 겸손한 겁쟁이 개들도 다 많다.

이 겁쟁이 개들은 이런 나를 보고도 짖지를 않으니 그럼 대체 무엇을 보아야 짖으랴?

그들은 짖을 일이 없다. 여인旅人은 이곳에 오지 않는다. 오지 않을 뿐만 아니라 국도 연변에 있지 않은 이 촌락을 그들은 지나갈 일도 없다. 가끔 이웃 마을의 김 서방이 온다. 그러나 그는 여기 최 서방과 똑같은 복장과 피부색과 사투리를 가졌으니 개들이 짖어 무엇하랴. 이 빈촌에는 도적이 없다. 인정 있는 도적이면 여기 너무나 빈한한 새악시들을 위하여 훔친 바 비녀나 반지를 가만히 놓고 가지 않으면 안 되리라. 도적에게 이 마을은 도적의 도심盜心을 도적맞기 쉬운 위험한 지대리라.

그러니 실로 개들이 무엇을 보고 짖으랴. 개들은 너무나 오랜 동안 -아마 그 출생 당시부터- 짖는 버릇을 포기한 채 지내왔다. 몇 대를 두고 짖지 않은 이곳 견족犬族들은 드디어 짖는다는 본능을

---
09 까치집.

• 필사 추천 문장

도적에게 이 마을은 도적의 도심을 도적맞기 쉬운 위험한 지대리라.

상실하고 만 것이리라. 인제는 돌이나 나무토막으로 얻어맞아서 견딜 수 없을 만큼 아파야 겨우 짖는다. 그러나 그와 같은 본능은 인간에게도 있으니 특히 개의 특징으로 처들 것은 못 되리라.

개들은 대개 제가 길리우고 있는 집 문간에 가 앉아서 밤이면 밤잠, 낮이면 낮잠을 잔다. 왜? 그들은 수위守衛할 아무 대상도 없으니까다.

최 서방네 집 개가 이리로 온다. 그것을 김 서방네 집 개가 발견하고 일어나서 영접한다. 그러나 영접해 본댔자 할 일이 없다. 양구良久에[10] 그들은 헤어진다.

설레설레 길을 걸어본다. 밤낮 다니던 길, 그 길에는 아무것도 떨어진 것이 없다. 촌민들은 한여름 보리와 조를 먹는다. 반찬은 날된장 풋고추다. 그러니 그들의 부엌에조차 남는 것이 없겠거늘 하물며 길가에 무엇이 족히 떨어져 있을 수 있으랴.

길을 걸어본댔자 소득이 없다. 낮잠이나 자자. 그리하여 개들은 천부天賦[11]의 수위술守衛術을 망각하고 낮잠에 탐닉하여 버리지 않을 수 없을 만큼 타락하고 말았다.

슬픈 일이다. 짖을 줄 모르는 벙어리 개, 지킬 줄 모르는

---

10 얼마 있다가.
11 하늘이 줌. 또는 태어날 때부터 지님.

• 필사 추천 문장

설레설레 길을 걸어본다. 밤낮 다니던 길, 그 길에는 아무것도 떨어진 것이 없다.

게으름뱅이 개, 이 바보 개들은 복날 개장국을 끓여 먹기 위하여 촌민의 희생이 된다. 그러나 불쌍한 개들은 음력도 모르니 복날은 몇 날이나 남았나 전연 알 길이 없다.

4

이 마을에는 신문도 오지 않는다. 소위 승합자동차라는 것도 통과하지 않으니 도회의 소식을 무슨 방법으로 알랴?
오관五官이 모조리 박탈된 것이나 다름없다. 답답한 하늘, 답답한 지평선, 답답한 풍경, 답답한 풍속 가운데서 나는 이리 디굴 저리 디굴 구르고 싶을 만치 답답해하고 지내야만 된다.
아무것도 생각할 수 없는 상태 이상으로 괴로운 상태가 또 있을까. 인간은 병석에서도 생각한다. 아니 병석에서는 더욱 많이 생각하는 법이다.
끝없는 권태가 사람을 엄습하였을 때 그의 동공은 내부를 향하여 열리리라. 그리하여 망쇄忙殺할[12] 때보다도 몇 배나 더 자신의 내면을 성찰할 수 있을 것이다.
현대인의 특질이요 질환인 자의식 과잉은 이런 권태치 않을 수

---

12 정신을 차릴 수 없을 정도로 매우 바쁨.

• 필사 추천 문장

 아무것도 생각할 수 없는 상태 이상으로 괴로운 상태가 또 있을까.

없는 권태 계급의 철저한 권태로 말미암음이다. 육체적 한산, 정신적 권태, 이것을 면할 수 없는 계급이 자의식 과잉의 절정을 표시한다.

그러나 지금 이 개울가에 앉은 나에게는 자의식 과잉조차 폐쇄되었다.

이렇게 한산한데 이렇게 극도의 권태가 있는데 동공은 내부를 향하여 열리기를 주저한다.

아무것도 생각하기 싫다. 어제까지도 죽는 것을 생각하는 것 하나만은 즐거웠다. 그러나 오늘 그것조차가 귀찮다. 그러면 아무것도 생각하지 말고 눈 뜬 채 졸기로 하자.

더워 죽겠는데 목욕이나 할까. 그러나 웅덩이 물은 썩었다. 썩지 않은 물을 찾아가는 것은 귀찮은 일이고—.

썩지 않은 물이 여기 있다기로서니 나는 목욕하지 않았으리라. 옷을 벗기가 귀찮다. 아니— 그보다도 그 창백하고 앙상한 수구瘦軀[13]를 백일白日 아래 널어 말리는 파렴치를 나는 견디기 어렵다.

땀이 옷에 배면? 배인 채 두자.

---
13 여윈 몸.

• 필사 추천 문장

땀이 옷에 배면? 배인 채 두자.

그렇다 하더라도 이 더위는 무슨 더위냐. 나는 내가 있는 집으로 돌아와서 세수를 하기로 한다. 나는 일어나서 오던 길을 돌치는[14] 도중에서 교미하는 개 한 쌍을 만났다. 그러나 인공의 기교가 없는 축류의 교미는 풍경이 권태 그것인 것같이 권태 그것이다. 동리 동해童孩들에게도 젊은 촌부들에게도 흥미의 대상이 못 되는 이 개들의 교미는 또한 내게 있어서도 흥미의 대상이 되지 않는다. 함석 대야는 그 본연의 빛을 일찍이 잃어버리고 그들의 피부색과 같이 붉고 검다. 아마 이 집 주인 아주머니가 시집올 때 가지고 온 것이리라.

세수를 해본다. 물조차 미지근하다. 물조차 이 무지한 더위에는 견딜 수 없었나 보다. 그러나 세수의 관례대로 세수를 마친다. 그리고 호박넝쿨이 축 늘어진 울타리 밑 호박넝쿨의 뿌리 돋친 데를 찾아서 그 물을 준다. 너라도 좀 생기를 내라고.

땀내 나는 수건으로 얼굴을 훔치고 툇마루에 걸터앉았자니까 내가 세수할 때 내 곁에 늘어섰던 주인집 아이들 넷이 제각기 나를 본받아 그 대야를 사용하여 세수를 한다.

저 애들도 더워서 저러는구나 하였더니 그렇지 않다. 그 애들도

---

14 되돌아가는.

• 필사 추천 문장

물조차 미지근하다. 물조차 이 무지한 더위에는 견딜 수 없었나 보다.

나처럼 일거수일투족을 어찌하였으면 좋을까 당황해하고 있는 권태들이었다. 다만 내가 세수하는 것을 보고 그럼 우리도 저 사람처럼 세수나 해볼까 하고 따라서 세수를 해보았다는 데 지나지 않는다.

5

원숭이가 사람의 흉내를 내는 것이 내 눈에는 참 밉다. 어쩌자고 여기 아이들이 내 흉내를 내는 것일까? 귀여운 촌동들을 원숭이로 만들어서는 안 된다.

나는 다시 개울가로 가본다. 썩은 물, 늘어진 댑싸리 외에 아무것도 없다. 그러나 나는 거기 앉아서 이번에는 그 썩는 중의 웅덩이 속을 들여다본다.

순간 나는 진기한 현상을 목도한다. 무수한 오점汚點이 방향을 정돈해 가면서 움직이고 있는 것이다. 이것은 생물임에 틀림없다. 송사리 떼임에 틀림없다.

이 부패한 소택沼澤 속에 이런 앙증스러운 어족이 서식하리라고는 나는 참 꿈에도 생각하지 못했다.

요리 몰리고 조리 몰리고 역시 먹을 것을 찾음이리라. 무엇을 먹고 사누. 버러지를 먹겠지. 그러나 송사리보다도 더 작은 버러지라는

• 필사 추천 문장

원숭이가 사람의 흉내를 내는 것이 내 눈에는 참 밉다.

것이 있을까?

잠시를 가만있지 않는다. 저물도록 움직인다. 대략 같은 동기動機와 같은 모양으로들 그러는 것 같다. 동기! 역시 송사리의 세계에도 시급한 목적이 있는 모양이다.

차츰차츰 하류를 향하여 군중적으로 이동한다. 저렇게 하류로 하류로만 가다가 또 어쩔 작정인가. 아니 그들은 중로에서 또 상류를 향하여 거슬러 올라올는지도 모른다. 그러나 당장 하류로 향하여 가고 있는 것이 확실하다. 하류로 하류로!

5분 후에는 그들의 모양이 보이지 않을 만치 그들은 멀리 하류로 내려갔다. 그리고 웅덩이는 아까와 같이 도로 썩은 물의 웅덩이로 조용해지고 말았다.

나는 그 자리에서 일어나서 풀밭으로 가보기로 한다. 풀밭에는 암소 한 마리가 있다.

고 웅덩이 속에 고런 맹랑한 현상이 잠복해 있을 수 있다니— 하고 나는 적잖이 흥분했다. 그러나 그 현상도 소나비처럼 지나가고 말았으니 잊어버리고 그만두는 수밖에.

소의 뿔은 벌써 소의 무기는 아니다. 소의 뿔은 오직 안경의 재료일 따름이다. 소는 사람에게 얻어맞기로 위주니까 소에게는 무기가 필요 없다. 소의 뿔은 오직 동물학자를 위한 표지이다. 야우野牛

• 필사 추천 문장

소의 뿔은 벌써 소의 무기는 아니다.

시대에는 이것으로 적을 돌격한 일도 있습니다— 하는 마치
폐병廢兵의 가슴에 달린 훈장처럼 그 추억성이 애상적이다.
암소의 뿔은 수소의 그것보다도 한층 더 겸허하다. 이 애상적인
뿔이 나를 받을 리 없으니 나는 마음 놓고 그 곁 풀밭에 가 누워도
좋다. 나는 누워서 우선 소를 본다.
소는 잠시 반추反芻[15]를 그치고 나를 응시한다.
'이 사람의 얼굴이 왜 이리 창백하냐. 아마 병인인가 보다. 내
생명에 위해를 가하려는 거나 아닌지 나는 조심해야 되지.'
이렇게 소는 속으로 나를 심리하였으리라. 그러나 5분 후에 소는
다시 반추를 계속하였다. 소보다도 내가 마음을 놓는다.
소는 식욕의 즐거움조차 냉대할 수 있는 지상 최대의 권태자다.
얼마나 권태에 지질렀길래 이미 위에 들어간 식물을 다시 게워
그 시금털털한 반소화물의 미각을 역설적으로 향락하는 체해
보임이리오?
소의 체구가 크면 클수록 그의 권태도 크고 슬프다. 나는 소 앞에
누워 내 세균같이 사소한 고독을 겸손하면서 나도 사색의 반추는
가능할는지 불가능할는지 몰래 좀 생각해 본다.

---
15 한번 삼킨 먹이를 다시 게워 내어 씹음. 또는 그런 일. 되새김.

• 필사 추천 문장

이 사람의 얼굴이 왜 이리 창백하냐. 아마 병인인가 보다.

6

길 복판에서 6, 7인의 아이들이 놀고 있다. 적발동부赤髮銅膚[16]의
반라군半裸群[17]이다. 그들의 혼탁한 안색, 흘린 콧물, 두른 베두렁이[17],
벗은 웃통만을 가지고는 그들의 성별조차 거의 분간할 수 없다.
그러나 그들은 여아가 아니면 남아요, 남아가 아니면 여아인
결국에는 귀여운 5, 6세 내지 7, 8세의 '아이들'임에는 틀림이 없다.
이 아이들이 여기 길 한복판을 선택하여 유희하고 있다.
돌멩이를 주워 온다. 여기는 사금파리도 벽돌 조각도 없다. 이 빠진
그릇을 여기 사람들은 버리지 않는다.
그러고는 풀을 뜯어 온다. 풀— 이처럼 평범한 것이 또 있을까.
그들에게 있어서는 초록빛의 물건이란 어떤 것이고 간에
다시없이 심심한 것이다. 그러나 하는 수 없다. 곡식을 뜯는 것도
금제禁制니까 풀밖에 없다.
돌멩이로 풀을 짓찧는다. 푸르스레한 물이 돌에 가 염색된다.
그러면 그 돌과 그 풀은 팽개치고 또 다른 풀과 돌멩이를 가져다가
똑같은 짓을 반복한다. 한 10분 동안이나 아무 말이 없이 잠자코
이렇게 놀아본다.

---

16 짧게 빡빡 깎은 머리에 구릿빛 살갗.
17 예전에 어린아이의 배와 아랫도리를 둘러서 가려 치마같이 만든 옷.

• 필사 추천 문장

돌멩이로 풀을 짓찧는다. 푸르스레한 물이 돌에 가 염색된다.

10분만이면 권태가 온다. 풀도 싱겁고 돌도 싱겁다. 그러면 그 외에 무엇이 있나? 없다.

그들은 일제히 일어선다. 질서도 없고 충동의 재료도 없다. 다만 그저 앉았기 싫으니까 이번에는 일어서 보았을 뿐이다.

일어서서 두 팔을 높이 하늘을 향하여 쳐든다. 그리고 비명에 가까운 소리를 질러본다. 그러더니 그냥 그 자리에서들 겅중겅중 뛴다. 그러면서 그 비명을 겸한다.

나는 이 광경을 보고 그만 눈물이 났다. 여북하면 저렇게 놀까. 이들은 놀 줄조차 모른다. 어버이들은 너무 가난해서 이들 귀여운 애기들에게 장난감을 사다 줄 수가 없었던 것이다.

이 하늘을 향하여 두 팔을 뻗치고 그리고 소리를 지르면서 뛰는 그들의 유희가 내 눈에는 암만 해도 유희같이 생각되지 않는다. 하늘은 왜 저렇게 어제도 오늘도 내일도 푸르냐, 산은 벌판은 왜 저렇게 어제도 오늘도 내일도 푸르냐는 조물주에게 대한 저주의 비명이 아니고 무엇이랴.

아이들은 짖을 줄조차 모르는 개들과 놀 수는 없다. 그렇다고 모이 찾느라고 눈이 벌건 닭들과 놀 수도 없다. 아버지도 어머니도 너무나 바쁘다. 언니 오빠조차 바쁘다. 역시 아이들은 아이들끼리 노는 수밖에 없다. 그런데 대체 무엇을 가지고 어떻게 놀아야 하나,

• 필사 추천 문장

10분만이면 권태가 온다. 풀도 싱겁고 돌도 싱겁다.

그들에게는 장난감 하나가 없는 그들에게는 영영 엄두가 나지를 않는 것이다. 그들은 이렇듯 불행하다.

그 짓도 5분이다. 그 이상 더 길게 이 짓을 하자면 그들은 피로할 것이다. 순진한 그들이 무슨 까닭에 피로해야 되나? 그들은 우선 싱거워서 그 짓을 그만둔다.

그들은 도로 나란히 앉는다. 앉아서 소리가 없다. 무엇을 하나. 무슨 종류의 유희인지 유희는 유희인 모양인데— 이 권태의 왜소 인간들은 또 무슨 기상천외의 유희를 발명했나.

5분 후에 그들은 비키면서 하나씩 둘씩 일어선다. 제각각 대변을 한 무더기씩 누어놓았다. 아— 이것도 역시 그들의 유희였다. 속수무책의 그들 최후의 창작 유희였다. 그러나 그중 한 아이가 영 일어나지를 않는다. 그는 대변이 나오지 않는다. 그럼 그는 이번 유희의 못난 낙오자임에 틀림없다. 분명히 다른 아이들 눈에 조소의 빛이 보인다. 아— 조물주여 이들을 위하여 풍경과 완구를 주소서.

7

날이 어두웠다. 해저와 같은 밤이 오는 것이다. 나는 자못 이상하다.

• 필사 추천 문장

 아— 조물주여 이들을 위하여 풍경과 완구를 주소서.

가만히 생각해 보면 나는 배가 고픈 모양이다. 이것이 정말이라면
그럼 나는 어째서 배가 고픈가. 무엇을 했다고 배가 고픈가.
자기 부패작용이나 하고 있는 웅덩이 속을 실로 송사리 떼가
쏘다니고 있더라. 그럼 내 장부 속으로도 나로서 자각할 수 없는
송사리 떼가 준동하고 있나 보다. 아무렇든 밥을 아니 먹을 수는
없다.
밥상에는 마늘장아찌와 날된장과 풋고추조림이 관성의 법칙처럼
놓여 있다. 그러나 먹을 때마다 이 음식이 내 입에 내 혀에 다르다.
그러나 나는 그 까닭을 설명할 수 없다.
마당에서 밥을 먹으면 머리 위에서 그 무수한 별들이 야단이다.
저것은 또 어쩌라는 것인가. 내게는 별이 천문학의 대상이 될 수
없다. 그렇다고 시상詩想의 대상도 아니다. 그것은 다만 향기도
촉감도 없는, 절대 권태의 도달할 수 없는 영원한 피안彼岸이다.
별조차가 이렇게 싱겁다.
저녁을 마치고 밖으로 나와 보면 집집에서는 모깃불의 연기가
한창이다.
그들은 마당에서 멍석을 펴고 잔다. 별을 쳐다보면서 잔다. 그러나
그들은 별을 보지 않는다. 그 증거로는 그들은 멍석에 눕자마자
눈을 감는다. 그러고는 눈을 감자마자 쿨쿨 잠이 든다. 별은 그들과

• 필사 추천 문장

마당에서 밥을 먹으면 머리 위에서 그 무수한 별들이 야단이다.

관계없다.

나는 소화를 촉진시키느라고 길을 왔다 갔다 한다. 돌칠 적마다 멍석 위에 누운 사람의 수가 늘어간다.

이것이 시체와 무엇이 다를까? 먹고 잘 줄 아는 시체— 나는 이런 실례失禮로운 생각을 정지해야만 되겠다. 그리고 나도 가서 자야겠다.

방에 돌아와 나는 나를 살펴본다. 모든 것에서 절연된 지금의 내 생활— 자살의 단서조차를 찾을 길이 없는 지금의 내 생활은 과연 권태의 극極, 권태 그것이다.

그렇건만 내일이라는 것이 있다. 다시는 날이 새이지 않은 것 같기도 한 밤 저쪽에 또 내일이라는 놈이 한 개 버티고 서 있다. 마치 흉맹凶猛한 형리刑吏처럼— 나는 그 형리를 피할 수 없다. 오늘이 되어버린 내일 속에서 또 나는 질식할 만치 심심해해야 되고 기막힐 만치 답답해해야 된다.

그럼 오늘 하루를 나는 어떻게 지냈던가. 이런 것은 생각할 필요가 없으리라. 그냥 자자! 자다가 불행히— 아니 다행히 또 깨거든 최 서방의 조카와 장기나 또 한판 두지, 웅덩이에 가서 송사리를 볼 수도 있고— 몇 가지 안 남은 기억을 소처럼— 반추하면서 끝없는 나태를 즐기는 방법도 있지 않으냐.

• 필사 추천 문장

오늘이 되어버린 내일 속에서 또 나는 질식할 만치 심심해해야 되고 기막힐 만치 답답해해야 된다.

불나비가 달려들어 불을 끈다. 불나비는 죽었든지 화상을 입었으리라. 그러나 불나비라는 놈은 사는 방법을 아는 놈이다. 불을 보면 뛰어들 줄을 알고— 평상에 불을 초조히 찾아다닐 줄도 아는 정열의 생물이니 말이다.

그러나 여기 어디 불을 찾으려는 정열이 있으며 뛰어들 불이 있느냐. 없다. 나에게는 아무것도 없고 아무것도 없는 내 눈에는 아무것도 보이지 않는다.

암흑은 암흑인 이상 이 좁은 방 것이나 우주에 꽉 찬 것이나 분량상 차이가 없으리라. 나는 이 대소 없는 암흑 가운데 누워서 숨 쉴 것도 어루만질 것도 또 욕심나는 것도 아무것도 없다.

다만 어디까지 가야 끝이 날지 모르는 내일 그것이 또 창밖에 등대等待하고[18] 있는 것을 느끼면서 오들오들 떨고 있을 뿐이다.

12월 19일 미명未明, 동경에서
_〈조선일보〉 1937년 5월 4일~11일.

---

[18] 미리 기다리고.

• 필사 추천 문장

나에게는 아무것도 없고 아무것도 없는 내 눈에는 아무것도 보이지 않는다.

시의 자리

윤동주
×
백석
×
이상

사랑스런 추억 _{윤동주}

봄이 오던 아침, 서울 어느 쪼그만 정거장에서

희망과 사랑처럼 기차를 기다려,

나는 플랫폼에 간신(艱辛)한[01] 그림자를 떨어뜨리고

담배를 피웠다.

내 그림자는 담배 연기 그림자를 날리고

비둘기 한 떼가 부끄러울 것도 없이

나래 속을 속, 속, 햇빛에 비춰, 날았다.

기차는 아무 새로운 소식도 없이

나를 멀리 실어다주어,

---

01 힘들고 고생스러운.

봄은 다 가고— 동경 교외 어느 조용한 하숙방에서, 옛 거리에
남은 나를 희망과 사랑처럼 그리워한다.

오늘도 기차는 몇 번이나 무의미하게 지나가고,

오늘도 나는 누구를 기다려 정거장 가까운
언덕에서 서성거릴 게다.

―아아 젊음은 오래 거기 남아 있거라.

• 필사 추천 문장

아아 젊음은 오래 거기 남아 있거라.

병원 윤동주

살구나무 그늘로 얼굴을 가리고, 병원 뒤뜰에 누워, 젊은 여자가 흰옷 아래로 하얀 다리를 드러내놓고 일광욕을 한다. 한나절이 기울도록 가슴을 앓는다는 이 여자를 찾아오는 이, 나비 한 마리도 없다. 슬프지도 않은 살구나무 가지에는 바람조차 없다.

나도 모를 아픔을 오래 참다 처음으로 이곳에 찾아왔다. 그러나 나의 늙은 의사는 젊은이의 병을 모른다. 나한테는 병이 없다고 한다. 이 지나친 시련, 이 지나친 피로, 나는 성내서는 안 된다.

여자는 자리에서 일어나 옷깃을 여미고 화단에서 금잔화 한 포기를 따 가슴에 꽂고 병실 안으로 사라진다. 나는 그 여자의 건강이— 아니 내 건강도 속히 회복되기를 바라며 그가 누웠던 자리에 누워본다.

• 필사 추천 문장

슬프지도 않은 살구나무 가지에는 바람조차 없다.

투르게네프의 언덕 윤동주

나는 고갯길을 넘고 있었다…… 그때 세 소년 거지가 나를
지나쳤다.

첫째 아이는 잔등에 바구니를 둘러메고, 바구니 속에는 사이다병,
간스메통, 쇳조각, 헌 양말짝 등 폐물이 가득하였다.

둘째 아이도 그러하였다.

셋째 아이도 그러하였다.

텁수룩한 머리털, 시커먼 얼굴에 눈물 고인 충혈된 눈, 색 잃어
푸르스름한 입술, 너덜너덜한 남루, 찢겨진 맨발,

아— 얼마나 무서운 가난이 이 어린 소년들을 삼키었느냐!

나는 측은한 마음이 움직이었다.

나는 호주머니를 뒤지었다. 두툼한 지갑, 시계, 손수건…… 있을
것은 죄다 있었다.

그러나 무턱대고 이것들을 내줄 용기는 없었다. 손으로

• 필사 추천 문장

얼마나 무서운 가난이 이 어린 소년들을 삼키었느냐!

만지작만지작거릴 뿐이었다.

다정스레 이야기나 하리라 하고 "얘들아" 불러보았다.

첫째 아이가 충혈된 눈으로 흘끔 돌아다볼 뿐이었다.

둘째 아이도 그러할 뿐이었다.

셋째 아이도 그러할 뿐이었다.

그러고는 너는 상관없다는 듯이 자기네끼리 소곤소곤 이야기하면서 고개로 넘어갔다.

언덕 위에는 아무도 없었다.

짙어가는 황혼이 밀려들 뿐—

국수 백석

눈이 많이 와서

산엣새가 벌로 나려 멕이고

눈구덩이에 토끼가 더러 빠지기도 하면

마을에는 그 무슨 반가운 것이 오는가 보다.

한가한 애동들은 어둡도록 꿩사냥을 하고

가난한 엄매는 밤중에 김치가재미를 이고 가고

마을을 구수한 즐거움에 사서 은근하니 흥성흥성 들뜨게 하며

이것은 오는 것이다.

이것은 어느 양지귀 혹은 능달쪽 외따른 산 옆 은댕이 예데가리

밭에서

하룻밤 뽀오얀 흰 김 속에 접시귀 소기름불이 뿌우연 부엌에

산멍에 같은 분틀을 타고 오는 것이다.

이것은 아득한 옛날 한가하고 즐겁던 세월로부터

실 같은 봄비 속을 타는 듯한 여름볕 속을 지나서 들쿠레한 구시월

갈바람 속을 지나서

대대로 나며 죽으며 죽으며 나며 하는 이 마을 사람들의 으젓한

마음을 지나서 텁텁한 꿈을 지나서

지붕에 마당에 우물 둔덩에 함박눈이 푹푹 쌓이는 어느 하룻밤

아베 앞에 그 어린 아들 앞에 아베 앞에는 왕사발에 아들 앞에는

새끼사발에 그득히 사리워오는 것이다.

이것은 그 곰의 잔등에 업혀서 길여났다는 먼 옛적 큰마니가

또 그 집 등색이에 서서 자채기를 하면 산넘엣 마을까지 들렸다는

먼 옛적 큰아바지가 오는 것같이 오는 것이다.

아, 이 반가운 것은 무엇인가.

이 히수무레하고 부드럽고 수수하고 슴슴한 것은 무엇인가.

겨울밤 쩡하니 익은 동치미국을 좋아하고 얼얼한 댕추가루를

좋아하고 싱싱한 산꿩의 고기를 좋아하고

그리고 담배 내음새 탄수 내음새 또 수육을 삶는 육수국 내음새

자욱한 더북한 삿방 쩔쩔 끓는 아르굴을 좋아하는 이것은

무엇인가.

• 필사 추천 문장

아, 이 반가운 것은 무엇인가. 이 히수무레하고 부드럽고 수수하고 슴슴한 것은 무엇인가.

이 조용한 마을과 이 마을의 으젓한 사람들과 살뜰하니 친한 것은 무엇인가.

이 그지없이 고담枯淡하고 소박한 것은 무엇인가.

고사 古寺 백석

부뚜막이 두 길이다.

이 부뚜막에 놓인 사닥다리로 자박수염 난 공양주는 성궁미를

지고 오른다.

한 말 밥을 한다는 크나큰 솥이

외면하고 가부 틀고 앉아서 염주도 셀 만하다.

화라지송침이 단채로 들어간다는 아궁지

이 험상궂은 아궁지도 조왕님은 무서운가 보다.

농마루며 바람벽은 모두들 그느슥히

흰밥과 두부와 튀각과 자반을 생각나 하고

하폄도 남 즉하니 불기와 유종들이

묵묵히 팔장 끼고 쭈그리고 앉었다.

재 안 드는 밤은 불도 없이 캄캄한 까막나라에서

조왕님은 무서운 이야기나 하면

모두들 죽은 듯이 엎드렸다 잠이 들 것이다.

(귀주사-함경도 함주군)

• 필사 추천 문장

모두들 죽은 듯이 엎드렸다 잠이 들 것이다.

남신의주 南新義州 유동 柳洞 박시봉방 朴時逢方[01] 백석

어느 사이에 나는 아내도 없고, 또,

아내와 같이 살던 집도 없어지고,

그리고 살뜰한 부모며 동생들과도 멀리 떨어져서,

그 어느 바람 세인 쓸쓸한 거리 끝에 헤매이었다.

바로 날도 저물어서,

바람은 더욱 세게 불고, 추위는 점점 더해 오는데,

나는 어느 목수木手네 집 헌 삿을 깐,

한 방에 들어서 쥔을 붙이었다.

이리하여 나는 이 습내 나는 춥고, 누굿한 방에서,

낮이나 밤이나 나는 나 혼자도 너무 많은 것같이 생각하며,

---

01 평안북도 남신의주 유동에 있는 박시봉이라는 사람의 방이라는 뜻. 백석이 실제로 머물렀던 하숙방으로 보이며, 외롭고 가난했던 시기의 정서를 담고 있다.

딜옹배기[02]에 북덕불[03]이라도 담겨 오면,

이것을 안고 손을 쬐며 재 위에 뜻없이 글자를 쓰기도 하며,

또 문밖에 나가지도 않고 자리에 누워서,

머리에 손깍지베개를 하고 구르기도 하면서,

나는 내 슬픔이며 어리석음이며를 소처럼 연하여 새김질하는 것이었다.

내 가슴이 꽉 메어올 적이며,

내 눈에 뜨거운 것이 핑 괴일 적이며,

또 내 스스로 화끈 낯이 붉도록 부끄러울 적이며,

나는 내 슬픔과 어리석음에 눌리어 죽을 수밖에 없는 것을 느끼는 것이었다.

그러나 잠시 뒤에 나는 고개를 들어,

허연 문창을 바라보든가 또 눈을 떠서 높은 천장을 쳐다보는 것인데,

이때 나는 내 뜻이며 힘으로, 나를 이끌어가는 것이 힘든 일인 것을 생각하고,

이것들보다 더 크고, 높은 것이 있어서, 나를 마음대로 굴려가는

---
02 질그릇.
03 작고 조용한 장작불. 손을 녹이는 따뜻한 불길.

• 필사 추천 문장

나는 내 슬픔이며 어리석음이며를 소처럼 연하여 새김질하는 것이었다.

것을 생각하는 것인데,

이렇게 하여 여러 날이 지나는 동안에,

내 어지러운 마음에는 슬픔이며, 한탄이며, 가라앉을 것은 차츰 앙금이 되어 가라앉고,

외로운 생각만이 드는 때쯤 해서는,

더러 나줏손04에 쌀랑쌀랑 싸락눈이 와서 문창을 치기도 하는 때도 있는데,

나는 이런 저녁에는 화로를 더욱 다가 끼며, 무릎을 꿇어보며,

어느 먼 산 뒷옆에 바위 섶에 따로 외로이 서서,

어두워오는데 하이야니 눈을 맞을, 그 마른 잎새에는,

쌀랑쌀랑 소리도 나며 눈을 맞을,

그 드물다는 굳고 정한 갈매나무라는 나무를 생각하는 것이었다.

---

04 늦은 저녁 무렵. '나주'는 '저녁'의 방언.

거울 이상

거울속에는소리가없소
저렇게까지조용한세상은참없을것이오

거울속에도내게귀가있소
내말을못알아듣는딱한귀가두개나있소

거울속의나는왼손잡이요
내악수握手를받을줄모르는─악수를모르는왼손잡이요

거울때문에나는거울속의나를만져보지를못하는구료마는
거울이아니었던들내가어찌거울속의나를만나보기만이라도했겠소

나는지금至今거울을안가졌소마는거울속에는늘거울속의내가있소

• 필사 추천 문장

 내악수를받을줄모르는―악수를모르는왼손잡이요

잘은모르지만외로된사업에골몰할게요

거울속의나는참나와는반대요마는

또꽤닮았소

나는거울속의나를근심하고진찰診察할수없으니퍽섭섭하오

• 필사 추천 문장

거울속의나는참나와는반대요마는또꽤닮았소

회한의 장(章) 이상

가장 무력한 사내가 되기 위하여 나는 얼금뱅이였다
세상의 한 명의 여성도 나를 돌아보는 일은 없다
나의 나태는 안심이다

양팔을 자르고 나의 직무를 피했다
이제 나에게 일을 시키는 자는 없다
내가 무서워하는 지배는 어디에도 보이지 않는다

역사는 무거운 짐이다
세상을 향한 나의 사표 쓰기는 더욱이 무거운 짐이다
나는 나의 문자들을 닫아버렸다
도서관에서 온 소환장을 이제 나는 읽을 수 없다

나는 이제 세상에 맞지 않는 옷이다

봉분封墳보다도 나의 의무는 적다

나에게 무엇인가를 이해할 고통은 완전히 사그라져버렸다

나는 누구도 보지는 않는다

그렇기 때문에 나는 아무것에게도 보이지 않을 게다

처음으로 나는 완전히 비겁해지기에 성공한 셈이다

• 필사 추천 문장

나는 이제 세상에 맞지 않는 옷이다

오감도 烏瞰圖 시제 15호 이상

1

나는 거울 없는 실내에 있다. 거울 속의 나는 역시 외출 중이다. 나는 지금 거울 속의 나를 무서워하며 떨고 있다. 거울 속의 나는 어디 가서 나를 어떻게 하려는 음모를 하는 중일까.

2

죄를 품고 식은 침상에서 잤다. 확실한 내 꿈에 나는 결석하였고 의족을 담은 군용장화가 내 꿈의 백지를 더럽혀 놓았다.

3

나는 거울 속에 있는 실내로 몰래 들어간다. 나를 거울에서 해방하려고. 그러나 거울 속의 나는 침울한 얼굴로 동시에 꼭 들어온다. 거울 속의 나는 내게 미안한 뜻을 전한다. 내가

• 필사 추천 문장

죄를 품고 식은 침상에서 잤다.

그 때문에 영어되어 있듯이 그도 나 때문에 영어되어 떨고 있다.

4

내가 결석한 나의 꿈. 내 위조가 등장하지 않는 내 거울.
무능이라도 좋은 나의 고독의 갈망자다. 나는 드디어 거울 속의
나에게 자살을 권유하기로 결심하였다. 나는 그에게 시야도 없는
들창을 가리키었다. 그 들창은 자살만을 위한 들창이다. 그러나
내가 자살하지 아니하면 그가 자살할 수 없음을 그는
내게 가르친다. 거울속의 나는 불사조에 가깝다.

5

내 왼편 가슴 심장의 위치를 방탄금속으로 엄폐하고 나는
거울 속의 내 왼편 가슴을 겨누어 권총을 발사하였다. 탄환은
그의 왼편 가슴을 통과하였으나 그의 심장은 바른편에 있다.

6

모형심장에서 붉은 잉크가 엎질러졌다. 내가 지각한 내 꿈에서
나는 극형을 받았다. 내 꿈을 지배하는 자는 내가 아니다. 악수할
수조차 없는 두 사람을 봉쇄한 거대한 죄가 있다.

나의 말, 나의 얼굴

윤동주

尹東柱, 1917~1945

1917년 12월 30일 만주 북간도 명동촌에서 부 윤영석, 모 김용 사이 장남으로 태어남.

1931년 명동소학교 졸업 후 용정 은진중학교(현 용정중학교) 입학. 시를 쓰기 시작함.

1934년 은진중학교 재학 중 첫 습작시 〈삶과 죽음〉, 〈초한대〉, 〈내일은 없다〉 등 남김.

1935년 평양 숭실중학교로 전학. 의학을 원한 아버지와 갈등하다 중퇴함.

1937년 만주의 광명중학교에 입학. 같은 해 졸업.

1938년 4월 경성 연희전문학교 문과에 입학. 본격적인 문학 수업을 받으며 창작에 몰두함.

1939년 〈달을 쏘다〉, 〈슬픈 족속〉 등 발표.

1941년 졸업을 앞두고 자선 시집 《하늘과 바람과 별과 시》를 출판하려 했으나 당시의 암울했던 상황 때문에 보류함.

1942년 일본 도쿄 릿쿄대학 영문과에 입학하였다가 교토 도시샤대학 영문과로 편입함.

1943년 7월 독립운동 관련 혐의로 일본 경찰에 체포되어 후쿠오카 형무소에 수감됨.

1945년 2월 16일 후쿠오카 형무소에서 옥사함. 향년 27세.

1948년 1월 30일 유고 시집 《하늘과 바람과 별과 시》가 정음사에서 출간됨.

백석

白石, 1912~1996

1912년 7월 1일 평안북도 정주군 익석동에서 부 백시박, 모 이봉우 사이의 장남으로 태어남. 본명 백기행(白夔行).

1924년 정주 오산소학교 졸업 후 오산고등보통학교(오산학교)에 진학함. 민족 계몽주의 교육의 영향을 받음.

1929년 오산고보 졸업. 이듬해 조선일보 신춘문예에 단편소설 〈그 모와 아들〉 당선.

1930~1934년 일본 아오야마학원 영어사범과 유학. 일본 현대시와 서구 문학에 깊은 관심을 가짐.

1934년 귀국 후 조선일보 기자로 입사. 문학 활동 시작.

1935~1936년 시 〈정주성〉 발표. 1936년 첫 시집 《사슴》을 출간함.

1936~1939년 함흥 영생고보 교사 재직. 기생 자야(김진향)와 교류하며 함경도 시절 대표작 다수 집필.

1940년대 초 조선일보 퇴사 후 만주 근무. 해방 후 평북 귀향. 북조선문학예술총동맹 활동. 시보다는 번역과 아동문학 활동 중심.

1950~1960년대 북한 양강도 삼수군에서 축산 노동과 창작 병행. 시 창작은 점차 중단됨.

1996년 2월 15일 양강도 삼수군에서 생을 마감함. 향년 85세.

이상

李箱, 1910~1937

1910년 9월 23일 서울 종로구 통의동에서 부 김연창, 모 박세창 사이의 장남으로 태어남. 본명 김해경(金海卿).

1913년 몰락한 양반인 백부의 집으로 입양됨. 백부는 어린 이상의 천재성을 인정하면서도 항상 엄격하게 대했다고 함.

1921년 보성고등보통학교 입학. 미술에 관심을 가짐.

1926년 경성고등공업학교 건축과 입학. 서구 문학과 예술에 심취함.

1929년 졸업 후 조선총독부 건축과 기사로 채용됨. 조선은행, 조선총독부 철도국 관사 등 도면 설계에 참여함.

1930년 처녀작이며 유일한 장편소설인 《12월 12일》을 '이상'이란 필명으로 연재함.

1934년 조선중앙일보에 '오감도' 연재 시작했으나 독자 반응 부진으로 중단됨.

1934~1935년 김기림, 정지용, 박태원 등 모더니스트들과 교류. 산문 〈권태〉 등 집필.

1936년 단편 소설 <지주회시>, <날개>를 발표하면서 평단에 관심을 갖게 되자 자기 문학에 자신감을 얻게 됨. 이해에 다수의 시와 수필 발표.

1937년 2월 일본 도쿄에서 일본 경찰에 체포되어 니시칸다 경찰서에 수감. 약 한 달 후 병세 악화로 보석됨.

1937년 4월 17일 결국 폐결핵으로 인해 동경제국대학 부속 병원에서 사망함. 향년 28세.

윤동주·백석·이상, 시대의 언어를 담은 산문필사집
시인의 말, 시인의 얼굴

초판 1쇄 인쇄 2025년 8월 11일　**초판 1쇄 발행** 2025년 9월 1일
지은이 윤동주·백석·이상　**펴낸이** 신지원 신민식　**펴낸곳** 도서출판 지식여행
책임편집 김민아　**디자인** 네모점빵
출판등록 제2010-000113호
주소 서울시 마포구 토정로 222 한국출판콘텐츠센터 419호
전화 02-333-1122　**팩스** 02-332-4111　**이메일** editor@jisikyh.com
인쇄·제본 한국학술정보(주)
ISBN 978-89-6109-555-6 (03810)

＊ 책값은 뒤표지에 적혀 있습니다.
＊ 잘못 만들어진 책은 구입하신 서점에서 바꾸어 드립니다.
＊ 이 책의 전부 또는 일부 내용을 재사용하려면 사전에 도서출판 지식여행의 동의를 받아야 합니다.